EL DESPERTAR DE LOS
VALIENTES

TOMO 1

El despertar de los valientes es el primer tomo de la trilogía *"91 días de conquista"*. El segundo tomo viene a ser *Levántate y resplandece* y el tercero es *Generación de conquista*.

Título: El despertar de los valientes
Autor: Rodolfo Rojas
ISBN: 978-91-639-8643-7
Primera edición: septiembre 2018

Categoría: Vida cristiana / discipulado

Diagramación y diseño de cubierta: Adolfo Tamayo

Índice

Dedicatoria

A la Persona más perfecta, fiel y excelente de la tierra. El único que tan sinceramente, desea y está comprometido con que tengamos éxito. Con Él, lo único imposible es fracasar.

Te amo, Espíritu Santo.

¿Por qué este libro?

Este libro aunque llegó a tus manos, vino a ordenar tus pasos.

Creo que cada vez que uno comienza a leer un libro, uno lo hace con una cierta expectativa. Y quiero ser sincero contigo, este libro contiene algunas claves y herramientas que te ofrecen una oportunidad para un progreso espiritual y un avance ministerial. Pero aun así debes saber que al final del día todo estará determinado por las decisiones y cambios que tú estés dispuesto a hacer. El fin de este libro será ayudarte a ordenar algunos aspectos de tu vida espiritual y también proveerte una estructura y un programa ministerial para darte mayor solidez.

Orden es una gran clave divina para el fruto y el crecimiento en lo que concierne los asuntos del reino. El profeta Elías entendió que no podía descender fuego del cielo si primero no arreglaba el altar. Hoy también, existe una urgencia en arreglar los altares desordenados en la vida de muchos discípulos, para que el fuego de lo alto se pueda volver a encender. Cuando hago referencia a nuestra diligencia en "arreglar el altar" y a la apremiante necesidad de "ordenar nuestros pasos", es porque tenemos un enemigo que pocas veces es reconocido como tal, y es el desorden. El desorden ha sido uno de los grandes oponentes en lo que concierne el discipulado. El desorden espiritual ha causado distracción, confusión y agotamiento en creyentes y discípulos que muchas veces viven frustrados con su vida de devocional y en su servicio a Dios. La palabra discipulado es un término que deriva de la palabra *disciplina* y disciplina es *orden*. Y donde el orden se hace presente, la vida y la multiplicación divina también se hacen evidentes.

Hacer discípulos y enviar obreros a hacer la obra del ministerio ha sido mi pasión por estas dos ultimas décadas. Pocas cosas me dan tal nivel de felicidad como ver creyentes viviendo para el reino y la visión de Dios. Pero también quiero que conozcas mi dolor y lo que me hace sufrir. Y es ver discípulos y líderes del reino estancados en su llamado y con un ministerio infructuoso. Después de veinte años equipando pastores y líderes, específicamente en Europa, América Latina y Estados Unidos, he podido detectar algunos factores limitantes y que frustran a muchos en su llamado. Y es el hecho de iniciar cada día improvisando, sin tener un plan de lectura, trabajo y acabar el día sin un avance y fruto ministerial. La iglesia en el mundo cuenta con mucha gente buena, pero eso no basta. Necesitamos ser más intencionales y metódicos si vamos a ver avances espirituales sostenibles en el tiempo. Se necesita de un programa práctico y sencillo que nos dé dirección, impulso y enfoque en las tareas ministeriales diarias. Si no se hace, corremos el peligro de que días se vuelven en meses y los meses en años sin progreso y fruto. Este libro es una herramienta de reino que te equipará para que en los próximos 30 días puedas comenzar a hacer cambios que encenderá tu pasión, elevará tu compromiso y desafiará tu fe para una vida y un ministerio triunfante. Si eres fiel a la instrucción que Dios hablará a tu corazón en los próximos días y semanas por medio de este libro, es imposible que sigas siendo el mismo. Tu cambio y conquista inician hoy!

Instrucciones

Cómo trabajar este libro en orden

1. *Tres libros.* Estás leyendo y trabajando con un libro que maneja un orden de tres tomos, el primer libro es, *El Despertar de los Valientes*, el segundo libro es, *Levántate y Resplandece*, y el tercero es, *Generación de Conquista*. Estos tres libros te proveerán 91 días de discipulado que te equiparán para una vida ministerial cada vez más efectiva y productiva.

2. *El orden de cada día.* Cada día también opera bajo una estructura y un compartimiento que va en cuatro fases, el primero es, *el Discipulado*, la segunda parte es, *la Declaración*, la tercera es, e*l Devocional* y la cuarta es, *el Desafío.*

3. *Oración de la mañana.* Antes de leer siempre inicia con oración. Procura siempre que tu tiempo de oración sea entre 4.00 y más tardar 7.00 de la mañana. Empieza con gratitud, dando gracias a Dios por todas las bendiciones y por todas las cosas buenas que Él ha hecho en tu vida. Es importante nunca iniciar pidiendo sino dando alabanza, exaltando Su nombre y reconociendo a Dios. Luego ora por tu familia, cónyuge, y tus hijos. También intercede por tu célula y discípulos. Y ademas pide a Dios que te ayude a identificar lo que impide el crecimiento, multiplicación y siempre termina profetizando sobre los nuevos y tus discípulos. Termina tu oración dando gracias a Dios en fe y creyendo que lo que has pedido ya es realidad.

4. *El discipulado del día.* El discipulado del día existe para dar un mayor enfoque a una verdad durante aquel día. Cada tema es dado para enseñar la Palabra pero también para equiparte para la obra ministerial.

5. *La declaración del día.* La declaración tiene como intención, que al ser hecho en fe, encienda y active algo divino en tu espíritu. No importando cómo tu te sientas, atrévete a creer y a confesar en fe lo que anhelas ver de parte de Dios en tu vida y ministerio.

6. *El devocional del día.* Te aconsejo que de los tres capítulos diarios, leas uno en la mañana, otro a medio día y el último en la tarde. La Palabra de Dios es lo principal y leída con fe te equipará de forma sobrenatural estos 30 días.

7. *El desafío del día.* Te recomiendo tomarte tiempo para leer en un solo día todos los desafíos de la semana que se aproxima. Esto es para que sepas lo que viene y te ayude a prepararte y a planificar para los desafíos que te esperan durante aquella semana.

Trabajando bajo Autoridad

Es importante que para que haya bendición en todo lo que hacemos se cuente con el respaldo de tus pastores y líderes. Debes estar dispuesto a hacer los cambios que tus pastores te pidan. Puede ser que tus pastores tengan otra tarea para ti aquel día o semana. Trabaja siempre este libro bajo la supervisión de tus pastores y líderes.

Tres Formas de trabajar los 30 días

1. Hacer los 30 días de este discipulado y devocional todos los días de corrido y sin cesación.
2. Hacer los 30 días de este discipulado y devocioanal de Lunes a Viernes. (Lo que más aconsejo) Esto te permite descansar dos días.
3. Hacer los 30 días de este discipulado y devocional día por medio.

Trabaja en Equipo

Recomiendo, en lo que sea posible que este libro de discipulado y devocional aunque será leído de forma personal, los desafíos no obstante sean trabajados en equipo. Trata de unirte a 2-3 hermanos para trabajar los desafíos de cada día en grupo. No es una obligación pero te puede ayudar y motivar mucho sabiendo que hay otros leyendo y trabajando igual que tú todos los días. Nuevamente te aconsejo no hacer grupos sin la aprobación de tus pastores, consulta con ellos primeramente.

El Ayuno

Hay días que el desafío será ayunar. Pero si no hubiera un desafío de ayunar durante esa semana es importante que apartes uno o dos días para ayunar. El ayuno consiste en abstenerse de alimentos, pero no sólo de comida sino también de cosas que nos quitan el tiempo y que afectan de forma negativa a nuestra alma, como por ejemplo cine, redes sociales, televisión, etc. Creo que el ayuno no tiene ningún poder, si el discípulo se abstiene de alimentos, y a la vez se dedica dos horas a la televisión o navegando en el internet. Este día de ayuno implica que te vas a apartar para Dios; que ese tiempo que comías, te alimentarás de la Palabra de Dios. Vas a orar y escuchar un mensaje o una enseñanza. Cuando llegues a casa después de tu trabajo es lo mismo. En la casa vas a dedicar tiempo a orar por tu familia y célula. Para que el ayuno sea poderoso y efectivo debe ir acompañado de la oración y la Palabra de Dios.

Redes Sociales

Hoy el mundo del internet y las redes sociales han cambiado mucho nuestra forma de vivir.

La intención con el hashtag **#91DíasDeConquista** es crear una comunidad de hermanos de diferentes países que estarán trabajando con los libros. Esta red, ayudará a que subiendo sus fotos y testimonios, se puedan motivar unos a otros en los diferentes desafíos diarios. Y que también puedan compartir ideas de trabajo que edifiquen y fortalezcan su fe.

SEMANA 1
LA ORACIÓN

DISCIPULADO 1

"

La Oración en la Primera Hora

"Levantándose muy de mañana, siendo aún muy oscuro, salió y se fue a un lugar desierto, y allí oraba." Marcos 1:35

La primera hora de la mañana es la primicia que determina lo que se manifestará el resto del día. La primicia es un principio divino. Es decir, que lo primero que se da o se consagra a Dios, tiene una repercusión poderosa, sorpresiva e incluso sobrenatural en la secuencia de situaciones que se gestan en el resto del día.

El apóstol Pablo enseña: "Si las primicias son santas, también lo es la masa restante; y si la raíz es santa, también lo son las ramas." (Rom 11:16). Cuando Adán fue creado y abrió sus ojos por primera vez, lo primero que vio fue a Dios. Asimismo debe ser para nosotros cada mañana; que Dios sea lo primero que contemplan nuestros cinco sentidos.

La oración es lo que te permite ver a Dios. Los hombres y las mujeres de Dios aprendieron el valor de iniciar la mañana en oración para poner el día bajo su gobierno. El Salmo 5:3 dice: "Oh Jehová, de mañana oirás mi voz; De mañana me presentaré delante de ti, y esperaré." Además en el Salmo 63:1, David exclama: "Dios, Dios mío eres tú; De madrugada te buscaré; Mi alma tiene sed de ti, mi carne te anhela...".

Oswald Chambers, un muy renombrado predicador, conocido por su pasión por la presencia de Dios, acostumbraba a decir: "No olvides orar hoy, porque Dios no olvidó despertarte esta mañana". La disciplina de tu devocional será una de las claves para tener éxito en cualquier área de tu vida. La palabra devocional procede de "devoción", que significa estar entregado con admiración y pasión al servicio de Dios. Además implica renunciar a los apetitos personales para rendirse con dedicación y fervor a la obra del Señor. Los obreros y discípulos que carecen de una vida de devocional, serán más susceptibles a la hora de caer en trampas sutiles y engañosas del enemigo durante el día, y les será más difícil discernir la voz del Espíritu Santo.

En una ocasión, pude escuchar algo tan claro en mi espíritu: "Levantar obreros sin una vida de oración es producir una generación de cartón, que cuando pase por el agua se mojarán y se pudrirán; y cuando pasen por el fuego se quemarán y no servirán para nada".

Cuida con celo tu primera hora, y no te sorprendas al ver aquel que inició su día sin oración, terminándolo sin victoria. Devocional es tener un tiempo agendado con Dios todos los días.

No puedes tener una vida de oración ocasional. Hay algunos que solo oran cuando tienen problemas. Me gusta el dicho que dice: "El creyente que ora solamente cuando está en problemas, tiene un problema" - Anónimo.

Es importante entender que el devocional es un tiempo que debemos apartar para Dios en la mañana y no en la noche. ¿Por qué? Porque uno necesita dirección, ayuda y consejo para enfrentar el día, y no para ir a descansar en la noche. Ciertos obreros me han dicho que en la mañana les cuesta orar y les es más fácil en la noche. Pero cuando estamos sirviendo a Dios es importante iniciar el día bajo la dirección de Dios. La mañana es clave, porque si lo fue para nuestro Señor que se levantaba de madrugada a orar, con mayor razón para nosotros. El pastor inglés John Wesley decía: "No admito que un pájaro alabe a Dios antes que yo, y por eso me levanto a las 4:00 de la mañana".

DECLARACIÓN 📢

Mi Dios, te reconozco como lo primero en mi vida, nada ni nadie compite contigo. Desde hoy, la primera hora en tu presencia, se vuelve en mi prioridad. Todo cansancio físico se transforma en fortaleza por tu Espíritu. Declaro que daré lo mejor para ti y para tu Reino. Hoy inicia una nueva temporada para mi vida. Declaro que cosas que no he visto, las viviré y las conquistaré en estos próximos días.

¡En el nombre de Jesús, Amén!

DEVOCIONAL 📖

Lectura Bíblica para hoy:
Marcos 1, Salmo 63, Mateo 6

Mi Palabra Rhema para hoy es:

_____

_____

Tiempo de oración:
De ___:___hrs a ___:___hrs.

DESAFÍO 1 🎯

El desafío de hoy es doble, lo primero es que la primera hora siempre será de Dios. Eso implica no salir de casa sin antes haber hablado con Dios y leído su Palabra. En segundo lugar, el desafío será consagrar tus ojos y tus oídos para discernir la voz de Dios con mayor facilidad. Por tal razón, en estos próximos 7 días, harás un ayuno total de redes sociales y así lograr un mayor enfoque en Dios.

"

El Poder de una Hora de Oración

"Vino luego a sus discípulos, y los halló durmiendo, y dijo a Pedro: ¿Así que no habéis podido velar conmigo una hora? Velad y orad, para que no entréis en tentación; el espíritu a la verdad está dispuesto, pero la carne es débil."
Mateo 26:40-41

Accedemos a nuevas dimensiones de unción cuando rompemos la barrera de una hora de oración. Jesús le pregunta a sus discípulos: "...¿Así que no habéis podido velar conmigo una hora?" (Mt 26:40). Hay algo poderoso en una hora de oración. El llamado de Dios se consolida de forma única y sobrenatural en tu vida. El reformador Martín Lutero acostumbraba a decir: "Tengo tantas cosas que hacer, que pasaré las primeras tres horas orando".

Me he dado cuenta que el alma es quebrantada después de una hora de oración, puesto que tu espíritu comienza a operar en una mayor sensibilidad a Dios; y tu discernimiento acerca de los asuntos espirituales aumenta.

Hoy te quiero desafiar a entrar en una hora diaria de oración. Esto, obviamente, no es una cuestión de competencia y requiere de fe, porque lo que no se hace con fe, no tiene respaldo.

La oración es toda una guerra, ya que en primera instancia, tendrás una batalla emocional, que no tienes para ver un partido de fútbol o una película en el cine. La carne detesta estar en la presencia de Dios. De hecho, se vuelve inquieta, se desespera y hace todo lo posible para escabullirse de aquella hora. En segunda instancia, durante el momento de oración o devocional, se desata una guerra en tu mente, pues se distrae y quiere hacer otras cosas. Jesús le enseñó a sus discípulos que la oración no es algo instantáneo, sino que es una guerra que requiere de persistencia. "Cierto día, Jesús les contó una historia a sus discípulos para mostrarles que siempre debían orar y nunca darse por vencidos." (Lc 18:1 NTV).

El predicador Leonard Ravenhill decía: "¿Qué vas a hacer cuando llegues a la eternidad si no puedes quedarte una hora con Dios aquí abajo?" A través de los años en el ministerio, he visto gente caer en agotamiento espiritual. He sido testigo de cómo el enemigo ha cegado las mentes, haciéndoles creer que el compromiso con el llamado y la obra de Dios son los factores que han causado dicho cansancio o extenuación espiritual. ¡Pero cuidado! No es verdad, sino todo lo opuesto. El llamado y la obra de Dios renuevan las fuerzas y son oxígeno al espíritu. Algo que sí pude discernir tratando con discípulos y aconsejando pastores, es que muchos de los que habían caído en este hoyo de la fatiga espiritual tenían síntomas similares. Tenían en común ciertas causas que se habían vuelto en factores agotadores. Una de las causas del agotamiento, era la frustración por no ver el resultado ministerial. Un segundo factor era el pecado oculto que no habían confesado, ni reconocido en sus vidas. Finalmente, pero sin excepción, el problema que todos tenían era que habían descuidado su vida de oración.

Siempre que veo personas que batallan con su compromiso en el llamado, es porque han desatendido su tiempo más importante, que es la hora más relevante con el Dios que les llamó.

No abandones tu vida de oración, más bien atesora este tiempo, porque es ahí donde encontrarás la fuente para operar efectivamente y con poder en el ministerio. David Yonggi Cho, pastor de una de las iglesias más grandes del mundo decía: "Tengo mil y una cosas que hacer, pero si no pasara tiempo con Dios, con seguridad no me alcanzaría el tiempo para hacer nada".

DECLARACIÓN 📢

Señor, en esta mañana declaro que soy tuyo. Soy libre de toda excusa que me impide orar una hora. Denuncio y confronto toda emoción y apetito desordenado que me ha engañado diciendo que no puedo orar una hora. Una hora nunca es mucho, ¡es muy poco tiempo para estar contigo! Hoy seré productivo y efectivo en los negocios de mi Padre.
¡En el nombre de Jesús, Amén!

DEVOCIONAL 📖

Lectura Bíblica para hoy:
Job 8, Salmo 37, Salmo 139

Mi Palabra Rhema para hoy es:

_____

_____

Tiempo de oración:
De ___:___hrs a ___:___hrs.

DESAFÍO 2 🎯

El desafío de hoy si decides aceptarlo, es comenzar a orar una hora todas las mañanas. Si por alguna razón no logras orar una hora puedes también dividir ese tiempo de oración en dos momentos de 30 minutos durante el día. Es un desafío de alto grado, sin embargo te elevará a una mayor dimensión del Espíritu. No será fácil, pero debes disciplinar tu vida y orar aún cuando no sientas o no quieras. La oración se tiene que volver en una necesidad en tu vida.

"

De la Rutina al Rhema

"No sólo de pan vivirá el hombre, sino de toda palabra que sale de la boca de Dios." Mateo 4:4

Lo único que permanece es lo que se construye sobre la materia eterna de la Palabra. Un discípulo nunca puede separar la oración de la Palabra de Dios. El salmista escribe: "Lámpara es a mis pies tu palabra, y lumbrera a mi camino." (Sal 119:105). La Palabra es lámpara y lumbrera. El aumento de lámpara a lumbrera es significativo, puesto que por cada paso de obediencia, la luz de la Palabra irá en aumento para guiarte con una mayor claridad en tu vida y en tu llamado. El predicador Charles Spurgeon dijo: "Usa la oración como un taladro, y fuentes de agua viva saltarán de lo más profundo de la Palabra."

La Biblia parece ser un libro antiguo, pero hay que entender que ella es la boca de Dios, que será usada por el Espíritu Santo para hablarte dondequiera que la leas, así sea en tu casa, en el bus o en el tren. Esas letras escritas con tinta hace miles de años, se volverán en espíritu que darán vida; se convertirán en un fuego que te harán arder; y en la voz de Dios que direccionarán tu vida. El apóstol Pablo escribe a Timoteo: "Toda la Escritura es inspirada por Dios…" (2 Tim 3:16).

La palabra "inspirada" es en el original griego *entheospneutos*, y hay tres vocablos importantes encerrados aquí. Primeramente *en* que significa dentro; luego *theo* que significa Dios; y *pneutos* de donde sacamos la palabra neumático, y significa aire o espíritu.

¿Qué implica que la Palabra es inspirada? Que Dios está dentro de cada letra con su Espíritu. Por eso cuando la lees después de orar percibes que muchas veces algo salta o se despierta en ti. El Espíritu Santo tomará y volverá el *logos* en *rhema*. Para explicarlo sencillamente, la palabra *logos* significa lo que se dijo ayer o lo que se escribió en el pasado, mientras que *rhema* es una palabra griega, que se refiere a la palabra que ahora mismo está saliendo de la boca de Dios.

Cuando en nuestro ministerio, un líder va a comenzar una célula, un grupo familiar o una nueva iglesia, ponemos mucho énfasis en que tenga una Palabra *Rhema* de Dios. Este *Rhema* específico es la palabra que se vuelve en una garantía de respaldo sobrenatural, y viene de un tiempo de comunión con Dios. El rey

Salomón tuvo un Rhema que gobernó su vida: "El principio de la sabiduría es el temor de Jehová..." (Pr 1:7). Esto fue un texto que él leyó del libro de Job (Job 28:28). Cuando el profeta Juan el Bautista, declaró su Rhema ministerial: "...Yo soy la voz de uno que clama en el desierto..." (Jn 1:23), él lo recibió del libro de Isaías 40:3-5. Jesús fue al templo desde pequeño y aprendió a leer las escrituras. Por varias décadas, leyó en obediencia, de forma rutinaria y como de costumbre los rollos de la ley. Pero llegó el día, en que un pasaje que había leído tantas veces, se volvió en substancia tangible a su espíritu y en la plataforma ministerial que lo catapultaría al escenario mundial de su llamado. El pasaje que se volvió en su Rhema lo encontramos en Lucas 4:18 donde dice: "El Espíritu del Señor está sobre mí, Por cuanto me ha ungido...", y originalmente Jesús lo recibió del libro de Isaías 61:1. Y asimismo nosotros, debemos tener una palabra que pueda sostenernos en medio de las crisis, de las luchas y de las adversidades, y que nos mantenga expectantes y sin rendirnos en la espera de la promesa de Dios para nuestra vida, familia y ministerio.

DECLARACIÓN 📢

Padre Eterno, gracias por esta mañana de gloria, de favor y de revelación. La luz de tu Palabra irrumpe en mi espíritu. No caminaré en confusión, sino que operaré en la revelación eterna y en la luz del Espíritu Santo. Mi corazón se prepara para oír tu voz y mis ojos se abren para tus Rhemas eternos. ¡Lo creo!
¡En el nombre de Jesús, Amén!

DEVOCIONAL 📖

Lectura Bíblica para hoy:
Josué 1, Lucas 4, Salmo 119:1-40

Mi Palabra Rhema para hoy es:

_____

_____

Tiempo de oración:
De ___:___hrs a ___:___hrs.

DESAFÍO 3 🎯

El desafío de hoy si decides aceptarlo, es escoger un libro de la Biblia que leerás durante estos tres días, aparte de los capítulos que te han sido asignados. Hoy y los próximos días vas a rogar a Dios en oración que te dé una Palabra de la Biblia referente a lo que Él quiere hacer contigo en el futuro. El Rhema debe ser solo 1-3 versículos de un capítulo. Mi consejo es que hables con tu pastor o con tu líder con el fin de recibir la ayuda necesaria y verificar que ese texto y pasaje esté de acuerdo con lo que Dios está hablando a tu vida. Esa Palabra que Dios te dará la tienes que escribir o imprimir, y memorizar.

"
Intensificando a través del Ayuno

"Ministrando éstos al Señor, y ayunando, dijo el Espíritu Santo..."
Hechos 13:2a

El ayuno quebranta el control y los apetitos de la carne, y prepara el espíritu del hombre al régimen y al gobierno del Espíritu. La gran clave del ayuno es comer mucho... ¡Comer mucha Palabra de Dios! Jesús dijo en medio de su hambre y de su ayuno de cuarenta días: "...No sólo de pan vivirá el hombre, sino de toda palabra que sale de la boca de Dios." (Mt 4:4). El ayuno siempre ha sido una clave en todo rompimiento espiritual. El ayuno no es únicamente abstenerse de comer, sino que es un tiempo de mucha oración y enfoque en Dios. San Agustín decía sobre el ayuno: "El ayuno limpia el alma, eleva la mente y sujeta la carne al espíritu."

Ayunar es apartar tu alma de todas las voces y apetitos que te pueden distraer, para que de esa manera puedas sensibilizar tu oído a la voz del Espíritu Santo. Un día, oí al Espíritu Santo susurrar algo a mi espíritu: "El ayuno ejercita tu alma, con el fin de vencer las tentaciones." El que desarrolla dominio propio para abstenerse de algo que no es malo, como la comida, podrá decir que no al pecado, cuando éste se le ofrezca.

Además el ayuno es una herramienta y un arma de guerra que acelera y despeja el camino en el mundo espiritual a las respuestas de Dios (Dn 10:1-21). Cuando queremos ver a Dios moviéndose en medio de nuestra ciudad, familia o célula y sentimos una oposición extraña, es importante intensificar la intercesión con el ayuno. El ayuno no solo es un arma de guerra, sino incluso una ofrenda a Dios. Lo es porque en vez de estar pensando qué vamos a comer, estamos meditando y dedicando tiempo a Dios en oración o para interceder por la carga que hay en su corazón.

Sin embargo, el ayuno no debe ser solo de alimentos, sino de muchas otras cosas que te desenfocan. No debiéramos ayunar y estar a la vez acostados en un sillón viendo televisión por dos horas; o estar ayunando, y jugando juegos de computadora; o dedicando varias horas en las redes sociales. El ayuno es algo que tiene que ser ofrecido a Dios de corazón, y no con la intención de impresionar a la gente. Jesús dejó instrucciones claras: "Cuando ayunen, no pongan cara triste como hacen los hipócritas, que demudan sus rostros para mostrar que están ayunando. Les aseguro que estos ya han obtenido toda su recompensa. Pero tú, cuando ayunes, perfúmate la cabeza y lávate la cara para que no sea evidente ante los demás que estás ayunando, sino solo ante tu Padre, que está en lo secreto; y tu Padre, que ve lo que se hace en secreto, te recompensará." (Mt 6:16-18 NVI). El ayuno es algo poderoso que todos los hombres y mujeres en la Biblia tuvieron que hacer para tener rompimientos espirituales y ministeriales. Aquí tenemos el ejemplo de alguno de ellos:

Moisés ayunó cuarenta días sin comer, ni beber agua. Fue un ayuno sobrenatural (Dt 9:9).

Ester ayunó tres días. Fue un ayuno de liberación por su pueblo (Est 4:15-17).

Pablo ayunó. No conocemos cuántos días, pero fue un ayuno de consagración ministerial (Hch 13:2).

Daniel ayunó 21 días. Fue un ayuno profético de guerra espiritual que movió al mundo angelical (Dn 10:1-5).

Si Jesús siendo el mismísimo Hijo de Dios, necesitó practicarlo para tener efectividad y unción en su ministerio, entonces es algo que todo líder y ministro debe poner en práctica para tener el poder y la fuerza espiritual que necesita para los desempeños ministeriales.

DECLARACIÓN 📢

Gracias Padre, por este nuevo día de gloria y de poder. Decreto que hoy tendré más hambre por tu Palabra que de pan para mi vientre. Sujeto mis deseos carnales a tu Espíritu. Quebranto las manipulaciones de mi alma que se oponen a que yo ayune. Caminaré estos días enfocado en Dios y en la presencia del Espíritu Santo. Hoy tendré un avance poderoso y nuevas puertas de favor y poder se abren para mí. ¡Lo creo!
¡En el nombre de Jesús, Amén!

DEVOCIONAL 📖

Lectura Bíblica para hoy:
Mateo 4, Isaías 58, Éxodo 34

Mi Palabra Rhema para hoy es:

_____

_____

Tiempo de oración:
De ___:___hrs a ___:___hrs

DESAFÍO 4 🎯

El desafío de hoy si decides aceptarlo, es iniciar un ayuno de tres días de todo alimento. Será un ayuno de santificación para sensibilizar tu corazón a la voz y a la dirección del Espíritu Santo. Tu ayuno y tu clamor del primer día será por santificación; que todo lo oculto y todo lo que estorba a Dios salga a la luz en tu vida. El segundo día, será por la revelación del llamado de Dios en tu vida. Y el tercer día, será por una mayor unción y poder del Espíritu Santo para traer sanidad y liberación a las personas.

DISCIPULADO 5

"

La Adoración que Atrae el Cielo

"Mas la hora viene, y ahora es, cuando los verdaderos adoradores adorarán al Padre en Espíritu y en verdad; porque también el Padre tales adoradores busca que le adoren." Juan 4:23 JBS

Hay personas que buscan a Dios, pero a los adoradores los busca Dios. Si eres un adorador, ¡Cuidado! Porque te están buscando. Están detrás de ti para emboscarte y atraparte bajo una unción divina y para usarte sobrenaturalmente.

En los originales hebreos y griegos encontramos diferentes palabras por adoración. En el antiguo testamento una de las palabras hebreas por adoración que está en Génesis 22:5 es *shajah* que significa: "Postrar y rendir el corazón a Dios".

El deseo divino es que la adoración sea una expresión de honra, de temor reverente y de pasión por Dios, que inicia en el corazón y luego se expresa hacia afuera a través de todo nuestro ser. En el nuevo testamento, hay varias palabras por adoración. Estudiaremos tres de ellas.

La primera está en Juan 4:23, y es la palabra *proskuneo*, que significa: "Besar la mano" o "postrarse y hacer reverencia". La segunda palabra es *sebomai* que significa: "Adorar con temor y profunda devoción" (Mt 15:9, Hch 16:14). La tercera es *latreuo*, que significa: "Ofrecerse sin medida" o "rendir la vida en servicio a alguien" (Hch 24:14, Fil 3:3).

El adorador no necesariamente canta bien o toca algún instrumento en el púlpito de una iglesia, más bien la adoración es un estilo de vida, que cautiva la atención de Dios. El Padre no busca adoración, sino adoradores. La pregunta es, ¿por qué? El adorador tiene unas características y cualidades que lo hacen sobresalir. ¿Te imaginas a Dios levantándose de su trono de gloria, porque encontró a alguien con un corazón único? Bueno, éste es el efecto que produce en el cielo alguien de carne y hueso aquí en la tierra. Los adoradores ponen de pie a Cristo (Hch 7:55). Si quieres que Dios te busque, preocúpate de tener las siguientes cualidades:

La primera cualidad es el rendimiento. Esto es primordial, ya que hace especial y distingue al adorador. No pelea con Dios, no se enoja, ni argumenta en su contra, sino que simplemente se rinde ante la voluntad de Dios, puesto que su mayor deleite es la felicidad de Dios. La Biblia nos habla de Abraham, que probablemente, no haya sido el primer hombre en adorar, sin embargo, la primera vez que la palabra adoración es mencionada, está ligada al sacrificio que Abraham debía presentar al ofrendar a su hijo que más amaba, Isaac. El patriarca dice: "…iremos hasta allí y adoraremos, y volveremos a vosotros." (Gn 22:5).

La segunda cualidad es la transparencia, es decir, ser verdadero y genuino. Jesús cuando hablaba con la mujer samaritana, le dijo que el Padre busca adoradores que adoren en "…espíritu y en verdad…" (Jn 4:23). La persona que logra adorar en verdad, es aquella que es sincera en su relación con Dios. Es alguien que no ha sido poseído por la falsedad, ni le esconde nada al Señor, sino que expone su vida, tanto sus errores y debilidades, como sus fortalezas y aciertos.

La tercera cualidad es la dadivosidad, puesto que el adorador siempre tiene algo para dar y nunca se presenta sin ofrecer algo a Dios. No estamos hablando de alguien que da lo que quiere o lo que puede, sino de alguien que aparta lo mejor, dedica lo primero y ofrece todo, si Dios se lo pide. El adorador nunca se presenta con manos vacías, sino que siempre trae algo en sus manos y en sus labios. La Palabra nos aclara: "…Y ninguno se presentará delante de Jehová con las manos vacías" (Dt 16:16).

DECLARACIÓN 📣

Padre Eterno, gracias por este día y por todo lo que hoy se despierta en mi espíritu. ¡Soy un adorador!, ¡Soy un dador! Entrego todo lo que tengo y rindo todo lo que soy. Pongo lo mejor de mi vida en tu altar. No me pertenezco, soy tuyo. Soy libre de las cosas y soy libre de la gente. Nada tomará el lugar del Espíritu Santo. Renuncio a cualquier relación, cosa o emoción que está tomando el lugar de Dios. Estoy dispuesto a rendir y a dejar todo lo que me pidas hoy.
¡En el nombre de Jesús, Amén!

DEVOCIONAL 📖

Lectura Bíblica para hoy:
Génesis 22, Juan 4, Hechos 16

Mi Palabra Rhema para hoy es:

_____

_____

Tiempo de oración:
De ___:___hrs a ___:___hrs.

DESAFÍO 5 🎯

El desafío de hoy si decides aceptarlo, es dar, dejar o rendir a Dios cualquier cosa que Él te muestre. Pídele al Espíritu Santo que hable a tu vida y pregúntale qué quiere que tú ofrendes. Puede ser una cosa, sueño o una relación. Discierne o pregúntale a tu pastor o líder, si hay algo que está estorbando tu llamado y que debes dejar. Siempre hay algo que el Espíritu Santo te pedirá para elevarte a algo mayor. Hoy es un día de adoración. Rinde lo que Él te pida.

DISCIPULADO 6

"

En la Brecha por Otros

"Busqué a alguien que se pusiera en la brecha de la muralla para que yo no
tuviera que destruirlos, pero no encontré a nadie."
Ezequiel 22:30 NTV

La intercesión es el factor influyente que frena el juicio del cielo y desata
avivamiento en la tierra.

¿Qué es intercesión? En el antiguo testamento la palabra intercesión es el vocablo *paga*, que significa: "Abogar a favor de alguien", "intermediar para reconciliar" y "rogar por otro". En nuestro caso, sería intermediar y rogar delante de Dios por la gente y por las naciones donde hemos sido puestos a servir.

En la intercesión tomamos los pecados, los problemas y las necesidades de otros, y clamamos a Dios en arrepentimiento, como si fueran los nuestros, y como resultado Él mueva su mano a favor de aquellos por quienes estamos intercediendo. El propósito de la intercesión es frenar el castigo divino, y además mover la mano de Dios para que Él obre a favor de los hombres en la tierra. Dios no está interesado en destruir la humanidad. Su pasión no es el juicio, sino más bien es ver que los hombres se vuelvan a Él.

Un intercesor que clama pidiendo justicia, juicio o castigo, no ha conocido el carácter benevolente de Dios. La Biblia afirma: "Les doy mi palabra: yo no quiero que la gente malvada muera; más bien, quiero que se aparte de la maldad y viva." (Ez 18:23 TLA). Además la Palabra sostiene: "Misericordioso y clemente es Jehová; Lento para la ira, y grande en misericordia." (Sal 103:8).

E.M Bounds decía: "Hablarles a los hombres de parte de Dios es una cosa grande, pero hablarle a Dios a favor de los hombres es aún mayor."

En el antiguo testamento, los profetas intercedían delante de Jehová para que Él no enviara su juicio al pueblo de Israel, y muchas veces Dios detenía su ira al ver el clamor y el dolor de los profetas por su nación. El intercesor es alguien cuya pasión y dolor es ver a su pueblo y a su nación sirviendo a Dios. Es alguien dispuesto a morir a sus apetitos y sueños personales para ver el propósito de Dios cumplido en la tierra.

Un día, Dios me mostró una estrategia muy sencilla, pero eficaz para interceder:

Primeramente humillarnos (2 Cr 7:14); en segunda instancia, hacer guerra espiritual (Lc 10:19); y en última instancia, decretar la Palabra profética (Ez 37:9). Al humillarnos, reconocemos nuestra dependencia de Dios y que separados de Él nada podemos hacer. Cuando nos hemos humillado, tenemos la autoridad de confrontar al enemigo y ordenar que suelte la ciudad, la persona o la familia por la cual se está intermediando. Es en este proceso de intercesión, donde Dios incluso nos revela palabras proféticas, de modo que las podemos decretar a favor de las personas o de las diversas situaciones.

Dios se mantiene continuamente buscando a hombres y mujeres que se pongan en la brecha a través de la intercesión a favor de las naciones. Charles Spurgeon decía: "La oración es el pequeño nervio que mueve el músculo del Omnipotente". La intercesión no es algo rápido, sino que toma tiempo y requiere de paciencia. La Palabra dice: "Tarde y mañana y a mediodía oraré y clamaré, Y él oirá mi voz." (Sal 55:17).

Elévate en un mayor nivel de clamor por tu ciudad, por tu generación y por la gente que quieres ver salva y sirviendo a Dios.

DECLARACIÓN 📢

Señor, en este día me pongo en la brecha a favor de mi nación.

Hoy me levanto para abogar y rogar en oración por las almas que he ganado y estoy consolidando. Me humillo por cada persona a la que le hemos predicado y por aquellas que te han rechazado. Porque el que hoy de ti se burla, te servirá mañana. Y el que hoy te persigue, predicará de ti mañana.

¡En el nombre de Jesús, Amén!

DEVOCIONAL 📖

Lectura Bíblica para hoy:
Ezequiel 22, Éxodo 32, Daniel 9

Mi Palabra Rhema para hoy es:

_____

_____

Tiempo de oración:
De ___:___hrs a ___:___hrs.

DESAFÍO 6 🎯

El desafío de hoy si decides aceptarlo, es que tú junto con otro discípulo o hermano, a partir de hoy comenzarán a interceder por 3 personas cada uno, amigos o familiares a quienes desean ver salvos y comprometidas con Dios. Escribirán sus nombres y orarán por ellos todos los días. Es importante ser por lo menos dos ya que activaremos la ley del acuerdo, y siempre hay mayor fuerza en el trabajo en equipo. Quedarás sorprendido de lo que ocurrirá.

────────── 66 ──────────

La Intercesión Profética

"Diré al norte: Da acá; y al sur: No detengas; trae de lejos mis hijos, y mis hijas de los confines de la tierra" Isaías 43:6

Dios usa gente para diversos proyectos, pero solo edifica su visión de reino con hijos.

Los hijos son aquellos que están diseñados y predestinados por Dios para la edificación de la visión de la casa. El apóstol Pablo escribe sobre Timoteo a los Filipenses: "Porque no tengo a ningún otro que comparta tanto mis propios sentimientos y que de veras se preocupe por el bien de ustedes; todos buscan su propio interés, y no el interés de Jesucristo." (Fil 2:20-21 DHH).

A los hijos de la casa no los trae la cigüeña, sino que son un proceso de engendramiento y de parto. Son personas que se ganan, se gestan y son formadas principalmente en oración y en clamor agonizante. El apóstol Pablo dice: "Hijos míos, estoy sufriendo, como si de nuevo os estuviera dando a luz, hasta que Cristo tome forma definitiva en vosotros." (Gal 4:19 BLP).

Si quieres que gente asista a tu ministerio, imprime invitaciones o tratados, pero si quieres tener hijos en la fe, tienes que darlos a luz en dolor y en clamor. John Bunyan decía: "Las mejores oraciones tienen muchas veces más gemidos que palabras". Los hijos son discípulos que se amoldarán a los planos de Dios y a la agenda de la visión de la casa. Pero no siempre los hijos están en la ciudad donde Dios te ha puesto. Muchos de los hijos espirituales para tu iglesia, tu ministerio o tu célula, puede que hoy estén en otras ciudades, en otras naciones, e incluso en otros continentes. Hay algo que ocurre cuando te levantas en un clamor profético y comienzas a llamar a los hijos en oración.

Lo profético tiene dos instancias claves. La primera, tiene que ver con la visión espiritual. En el antiguo testamento al profeta se le conocía como vidente. El hebreo usa el vocablo *roeh* (1 Sa 9:9), que implica: "Uno que divisa a distancia o que posee sensibilidad para oír". El vidente es uno que ve desde la perspectiva de Dios. Es imperativo que el profeta vea y entienda primero en su espíritu lo que Dios quiere hacer, antes de hablar y decretar. La segunda instancia es la profecía. Esta está relacionada con el profeta. En hebreo se usa la palabra *nabi*, que significa: "El vocero de Dios, el que transmite un mensaje y el que manifiesta y decreta lo que Dios ha mostrado." (Jer 1:7-9).

Ha llegado el día en que veas algunas cosas que Dios quiere hacer y las decretes en el poder del nombre de Jesús, para que se manifiesten en tu ministerio.

Verás cómo Dios acelera los pasos de los hijos edificadores. La Palabra dice: "Tus edificadores vendrán aprisa [...] Alza tus ojos alrededor, y mira: todos éstos se han reunido, han venido a ti [...] Y dirás en tu corazón: ¿Quién me engendró éstos? Porque yo había sido privada de hijos y estaba sola, peregrina y desterrada; ¿quién, pues, crió éstos? He aquí yo había sido dejada sola; ¿dónde estaban éstos? Así dijo Jehová el Señor: He aquí, yo tenderé mi mano a las naciones, y a los pueblos levantaré mi bandera; y traerán en brazos a tus hijos, y tus hijas serán traídas en hombros." (Is 49:17-18, 21-22). Hay personas que hoy no conoces, pero que cuando las comienzas a llamar en oración e intercesión, harán sus maletas, sin saber por qué. Tendrán la necesidad de desplazarse a tu ciudad. También hay otras que no conocemos, que correrán cuando las llames en oración: "He aquí, llamarás a gente que no conociste, y gentes que no te conocieron correrán a ti, por causa de Jehová tu Dios, y del Santo de Israel que te ha honrado." (Is 55:5).

DECLARACIÓN 📣

Padre de gloria, gracias por la palabra que diste a los profetas. La creo y me levanto hoy llamando a los hijos que vendrán del norte y del sur. Convoco a los hijos de esta casa y te doy gracias por todos los que correrán para venir a edificar tu visión .
¡En el nombre de Jesús, Amén!

DEVOCIONAL 📖

Lectura Bíblica para hoy:
Isaías 43, Isaías 49, Juan 17

Mi Palabra Rhema para hoy es:

_____

_____

Tiempo de oración:
De ___:___hrs a ___:___hrs.

DESAFÍO 7 🎯

El desafío de hoy si decides aceptarlo, es que junto con mínimo tres discípulos o hermanos, planeen y preparen una vigilia de intercesión profética de mínimo cuatro horas, si pueden toda la noche, ¡mejor!
La vigilia tiene que ser en lo posible hoy, y si no se puede, entonces esta semana. En esta vigilia, pediremos que el Espíritu Santo ponga gemidos y dolor en nosotros por las personas. Elevaremos un clamor por hijos comprometidos e incondicionales con la visión y nuestra iglesia. Además debes traer los nombres escritos de las personas que desean ver salvas y comprometidas con Dios este año.

DISCIPULADO 8

"

Guerra por tu Ciudad

"Y volvió a decir: No se enoje ahora mi Señor, si hablare solamente una vez: quizá se hallarán allí diez. No la destruiré, respondió, por amor a los diez."

Génesis 18:32

Cuando la oración sube como incienso a los cielos, la gloria de Dios comienza a derramarse como lluvia sobre la tierra. Pero para que la gloria de Dios se manifieste en una ciudad, primero la oración debe elevarse para rasgar los "velos" y las "cubiertas" espirituales de maldad que están sobre los pueblos: "Y destruirá en este monte la cobertura que cubre todos los pueblos, El velo que está extendido sobre todas las naciones." (Is 25:7 NBLH).

Orar por una ciudad es entrar en una guerra más intensa espiritual. Hay cubiertas puestas en lo alto en el mundo espiritual para entorpecer y controlar las mentes de los hombres en la tierra. Ver una ciudad bajo un avivamiento del Espíritu requiere de mucha oración. Los avivamientos que han sido significativos en las naciones, han sido dados a luz en momentos de intensa oración. El predicador Charles Spurgeon decía: "Dondequiera que el Señor hará algo nuevo, pone primero a su pueblo a orar."

A veces podemos pensar que orar o interceder es pérdida de tiempo. Pero gran parte del impacto y de la multiplicación que alcance un ministerio y los cambios que verás en tu ciudad se deberán a la cantidad de tiempo que intercedas por ella. Cuando comienzas a orar, cosas empiezan a ocurrir en el mundo espiritual: demonios son atados, los ángeles se mueven y las personas que siempre han estado cerradas al escuchar de la palabra, abren sus corazones para aceptar a Cristo como su Señor y Salvador. La Biblia nos habla de tantos hombres que tomaron la responsabilidad de orar por su nación y su ciudad, e incluso por naciones y ciudades que no eran las propias, como Abraham lo hizo por Sodoma: "...No se enoje ahora mi Señor, si hablare solamente una vez: quizá se hallarán allí diez. No la destruiré, respondió, por amor a los diez." (Gn 18:32).

Interceder es intervenir. Por lo tanto, cuando ores por tu ciudad te vuelvo a recordar estos tres pasos: En primer lugar, arrepiéntete por los pecados de ella como si tú hubieras pecado; en segundo lugar, levántate en guerra espiritual contra todo espíritu que Dios te revele; y en tercer lugar, profetiza sobre la ciudad y habla sobre ella lo que Dios ponga en tus labios.

Siempre que Dios iba a derramar juicio e ira sobre la tierra por causa de la rebelión y la desobediencia, lo único que podía frenar o parar este juicio que debía caer sobre la ciudad, era un hombre o una mujer que se pusiera de rodillas y clamara por el perdón de los pecados de las personas e intercediera por ellos. Dios siempre quiere y está dispuesto a salvar, a restaurar y a manifestar su presencia. No obstante, requiere primero de alguien que se ponga en la brecha e intervenga en intercesión. El desafío de hoy es que tú recibas la revelación de que eres un agente de cambio para tu ciudad, y que tengas la certeza de que tu oración sí marca una diferencia cada día que oras por ella. Cada ciudad del mundo es única, desde su ruido, su olor, hasta sus problemas y complejidades. Sin embargo, no habrá cambios hasta que no haya alguien que la ame y no la maldiga; hasta que haya un pueblo, que pida misericordia y no juicio.

La generación de intercesores que Dios quiere levantar hoy, no solo clamará por su vida, sino que así como tiene obligaciones personales, también cargará con una urgencia local y una responsabilidad nacional. Cuando los intercesores comienzan a orar y a creer por su ciudad, ella se comienza a abrir lentamente a la Palabra del evangelio. ¡Hoy es tiempo de levantarte por tu ciudad y por tu nación!

DECLARACIÓN 📢

Señor Todopoderoso, en este día me levanto y me pongo en la brecha por mi tierra. ¡Hemos pecado contra ti! Yo y mi nación nos hemos rebelado contra tus mandamientos. Pero hoy me arrepiento, me vuelvo a ti y clamo con dolor, porque te dimos la espalda. Declaro que mi ciudad no habitará en tinieblas, sino bajo tu amparo y tu luz. Porque donde abundó el pecado, sobreabundará la gracia. No moriré, sino que viviré para ver el avivamiento más poderoso de mi tiempo y de mi generación.

¡En el nombre de Jesús, ¡Amén!

DEVOCIONAL 📖

Lectura Bíblica para hoy:
Nehemías 1, Nehemías 2, Génesis 18

Mi Palabra Rhema para hoy es:

_____

_____

Tiempo de oración:
De ___:___hrs a ___:___hrs.

DESAFÍO 8 🎯

El desafío de hoy si decides aceptarlo, es que hoy o mañana te prepares junto con dos o tres hermanos para ir a orar a un monte. Se debe encontrar un lugar alto desde el cual orar y profetizar sobre la ciudad. Se respetará el orden de los tres pasos: La humillación por los pecados de la ciudad, la guerra espiritual, destronando las potestades de las tinieblas, y la palabra profética activando un mover de gloria nunca antes visto sobre la nación. Para subir las fotos y contar el testimonio de tu desafío en redes sociales puedes utilizar el hashtag **#91díasDeConquista.**

SEMANA 2
LA PATERNIDAD

DISCIPULADO 9

"

El Poder de la Paternidad

"Mirad cuál amor nos ha dado el Padre, para que seamos llamados hijos de
Dios; por esto el mundo no nos conoce, porque no le conoció a él."
1 Juan 3:1

La paternidad es el nivel más alto y más sano de liderazgo que se maneja en el
reino de los cielos. Nadie expresó jamás una unidad tan genuina y tan única entre Hijo y Padre como Jesús. Él dijo: "Yo y el Padre uno somos." (Jn 10:30).

Estudiar a Jesús es conocer a Dios Padre hasta el más mínimo detalle. La palabra Padre en hebreo es la palabra *Ab* y también tenemos *Abba*, que es una palabra más cariñosa e íntima, que significa papito o papá. En el nuevo testamento, el griego emplea la palabra *pater*, de donde extraemos el término paternidad, que implica uno que engendra, provee y protege.

A su vez, Satanás como "padre de mentira" (Jn 8:44), usa el engaño para falsificar, tergiversar y desprestigiar la imagen paterna de Dios en la tierra, a través del abandono, la orfandad y el rechazo; de manera que cuando las personas oyen la palabra Papá o Padre refiriéndose a Dios, sienten odio; se les levantan argumentos; y reaccionan con menosprecio.

Mientras la paternidad divina no nos sea revelada, caminaremos lisiados por esta vida, ya que la paternidad divina tiene el poder de liberar, restaurar y sanar todo sentimiento de rechazo, y además de romper la maldición de la orfandad y del abandono, que como consecuencia nos impide servir saludablemente en el reino de Dios. La paternidad nos completa a tal nivel que todo lo roto en nuestras vidas se restaura. Incluso puede producir un grado tan elevado de convicción y confianza que el más inseguro de los hombres se termina volviendo en el más sobresaliente y valiente.

Jesús procuró enseñarle a sus discípulos que ellos en oración, no solo se acercaran a Dios como Creador, sino principalmente como a un Padre: "Vosotros, pues, oraréis así: Padre nuestro que estás en los cielos, santificado sea tu nombre." (Mt 6:9). A Dios en los cielos, no se le conoce como "El Poderoso", ni como el "Omnisciente", sino que en los cielos es llamado "Padre". El autor a los Hebreos le llama: "Padre de los espíritus" (Heb 12:9). Jesús le mostró a sus discípulos que

Él era el camino y el mediador para llegar a nuestro destino final, que es el Padre: "...nadie viene al Padre, sino por mí." (Jn 14:6).

La paternidad no es tan solo lo más alto en lo que respecta al liderazgo, sino que es lo más saludable. Todo líder, al cual nunca se le reveló la paternidad divina perjudica más de lo que edifica el reino. Alguien que fundamenta su liderazgo en la revelación de la paternidad de Dios, podrá de una forma genuina edificar, restaurar y equipar vidas. Ésta será una gran clave para vivir una vida victoriosa, libre de todo temor e incertidumbre. El apóstol Pablo declara: "Porque el Espíritu que Dios les ha dado no los esclaviza ni les hace tener miedo. Por el contrario, el Espíritu nos convierte en hijos de Dios y nos permite llamar a Dios: «¡Papá!»" (Rom 8:15 TLA).

Veamos algunos aspectos de la paternidad de Dios. En primer lugar, Dios como Padre reconoce a sus hijos (Mt 3:17). Él es la fuente de tu identidad, Él te conoce verdaderamente. En segundo lugar, la paternidad de Dios es protectora, la cual cuida de nosotros (Jn 8:28-29, Mt 27:46). En tercer lugar, la paternidad de Dios es correctora. Dios aunque nos ama siempre nos disciplina y nos exhorta a través de diferentes situaciones de la vida y de las autoridades espirituales. Todo esto lo ejecuta con el fin de llevarnos a una mayor madurez (Heb 5:7-8).

Dios como Padre, también es proveedor. Él sabe de qué tenemos necesidad y nunca nos dejará sin provisión, ya que se complace en nuestro bienestar y en que tengamos lo que necesitamos para cumplir con nuestra misión (Lc 12:29-31).

DECLARACIÓN 📢

Padre, gracias por tu paternidad incondicional que es revelada hoy a mi espíritu. Porque toda inseguridad y temor que han dominado mi alma se quebrantan hoy y para siempre. Soy libre de todo espíritu de rechazo y de abandono. Declaro que no soy huérfano, soy tu hijo y Tú eres mi Padre. No tengo miedo a ninguna amenaza, ni a la soledad, porque tú estás conmigo. Tú eres mi Protector y mi Proveedor. Tú me proteges de todo mal y me darás todo lo que necesito para cumplir tu propósito aquí en la tierra. Nunca me abandonarás. Lo creo y lo recibo. ¡En el nombre de Jesús, Amén!

DEVOCIONAL 📖

Lectura Bíblica para hoy:
Mateo 6, Lucas 15, Hebreos 12

Mi Palabra Rhema para hoy es:

_____

_____

Tiempo de oración:
De ___:___hrs a ___:___hrs.

DESAFÍO 9 ◎

El desafío de hoy si decides aceptarlo, es en primer lugar orar fervientemente para que la paternidad de Dios se revele en tu vida. En segundo lugar, escribir una carta a Dios como tu Padre. Pídele hoy de forma sincera que te sane y te libere de toda herida, de todo rechazo y de todo espíritu destructivo que puede perjudicar su obra. Exprésale que lo amas y que deseas conocerle más.

El Espíritu Santo me reveló que mientras escribes esta carta y dedicas este tiempo a tu Padre Eterno, serás profundamente quebrantado y liberado de inseguridades. Él es la Fuente para sanar y formar tu identidad como hijo de Dios.

Para subir las fotos y contar el testimonio de tu desafío en redes sociales puedes utilizar el hashtag **#91DíasDeConquista.**

DISCIPULADO 10

"

La Persona del Espíritu Santo

"Entonces respondió y me habló diciendo: Esta es palabra de Jehová a Zorobabel, que dice: No con ejército, ni con fuerza, sino con mi Espíritu, ha dicho Jehová de los ejércitos." Zacarías 4:6

Nadie que se ha dejado guiar por el Espíritu de Dios ha fracasado jamás. Él es la clave para cumplir el propósito de Dios en la tierra.

Por varios años, he observado y estudiado la vida de hombres y mujeres de Dios que tienen éxito en sus ministerios, entre los cuales he tratado de descubrir un común denominador. Me llamó mucho la atención ver que todos ellos habían desarrollado una relación íntima y una comunión profunda con la persona del Espíritu Santo.

Muchos le llaman al Espíritu Santo: "El que se quedó", puesto que el Padre está sentado en el trono en los cielos; Jesús su Hijo a su diestra; y el Espíritu Santo es quien está aquí en la tierra. A veces hemos tenido conceptos erróneos sobre esta persona tan única. Algunos creen que Él es una paloma, otros creen que Él es fuego o que es agua. Pero la Biblia es clara en revelarnos que es una persona. Tiene la sensibilidad de una paloma, pero Él no es un ave; cuando manifiesta su gloria, se percibe como una llama que arde, pero Él no es fuego, es una persona; su presencia se puede sentir como ríos de aguas vivas en nuestro interior, pero Él no es líquido, Él es una Persona. Jesús lo llamó el Consolador: "Mas el Consolador, el Espíritu Santo, a quien el Padre enviará en mi nombre, él os enseñará todas las cosas, y os recordará todo lo que yo os he dicho." (Jn 14:26). La palabra griega por "Consolador" es "*Parakletos*", que también significa "uno que aboga", "alguien que fortalece", "el que ayuda en la debilidad". Esto es justamente lo que hace cada día en nuestras vidas el hermoso Espíritu de Dios. Él es quien sustituye a Jesús aquí en la tierra. Imagínate que el Padre te diera la propuesta de que Jesús en carne y hueso te acompañe y esté contigo todos los días a tu lado. ¿Qué dirías a esta oferta? Cuando he preguntado esto a los hermanos, exclaman diciendo: ¡Eso sería tremendo y maravilloso! Lo que no han entendido es que tener al Espíritu Santo es literalmente tener a Jesús a nuestro lado, solo que en una mayor dimensión, porque Él está con nosotros y en nosotros.

La Palabra de Dios nos enseña mucho referente a Él. Verás al Espíritu Santo guiando, hablando, enseñando, convenciendo de pecado, repartiendo dones, etc. De hecho, el apóstol Pablo nos enseña que podemos tener comunión con el Espíritu Santo (2 Co 13:14). Esto implica que puedes conversar con Él y Él te responderá. El Espíritu Santo no solo es una persona, sino que Él es Dios. Él te guiará en todo tiempo y te ayudará a efectuar su perfecta voluntad (Rom 8:14). Su personalidad es tan delicada y sensible que la Palabra nos enseña que le podemos contristar (Ef 4:30) con nuestras palabras y desobediencia, lo cual no se menciona referente al Padre o al Hijo. Por tal razón, siempre debemos velar por caminar y vivir como a Él le agrada.

Te quiero motivar a que todos los días dediques un tiempo para dirigirte al Espíritu Santo. Pídele dirección cuando no sepas qué hacer, fortaleza en medio de la debilidad, y ayuda cuando te cueste orar. Además Él inspiró las Sagradas Escrituras, así que le puedes pedir que te revele la Palabra de Dios para que crezcas en el entendimiento de ella.

En mi vida diaria converso con Él, confío en Él para poder predicar, le pido que por favor me dé su unción para hacer con fidelidad la obra que me ha encomendado. Te puedo decir que el Espíritu Santo no desilusiona, porque si hay algo en lo que es especialista, es en equiparnos con poder, con revelación y con unción para hacer su obra, y por sobre todo en exaltar a Cristo aquí en la tierra.

DECLARACIÓN 📣

Padre mío, gracias por enviarnos a la maravillosa persona del Espíritu Santo. Hermoso Espíritu Santo, dame mayor sensibilidad a tu presencia y a tu voz en mi vida. Mi corazón se abre para recibir Tú llenura, con fuego y gloria del cielo. Atráeme y enamórame cada día más de ti. ¡Necesito conocerte! ¡Tengo hambre de tu unción! ¡Te necesito con todo mi corazón! ¡Revélate a mi vida!Declaro que hoy se activan las lenguas del Espíritu en mi. Cada día te conoceré más y caminaré en una mayor revelación.

¡En el nombre de Jesús, Amén!

DEVOCIONAL 📖

Lectura Bíblica para hoy:
Juan 15, Romanos 8, Hechos 2

Mi palabra Rhema para hoy es:

_____

_____

Tiempo de oración:
De ___:___hrs a ___:___hrs.

DESAFÍO 10 🎯

El desafío de hoy si decides aceptarlo, es entrar en un tiempo de profunda oración por la llenura del Espíritu Santo. El propósito es que experimentes su poder (Hch 1:8). Hoy debes entrar en una nueva dimensión en el Espíritu, con el fin de recibir el don de hablar en lenguas (1 Co 14:2). Pide hoy a tus pastores o a alguien que ellos te asignen, que pueda orar por ti, para que recibas esta llenura, un don o una unción específica del Espíritu, a través de la imposición de manos de una autoridad espiritual (Hch 8:17-18).

Para subir las fotos y contar el testimonio de tu desafío en redes sociales puedes utilizar el hashtag **#91DíasDeConquista.**

##

"

El Poder de la Palabra de Dios

"Me postraré hacia tu santo templo, Y alabaré tu nombre por tu misericordia y tu fidelidad; Porque has engrandecido tu nombre, y tu palabra sobre todas las cosas." Salmo 138:2

La Biblia puede ser un libro, pero la Palabra de Dios es una Persona. El evangelio de Juan declara: "En el principio la Palabra ya existía. La Palabra estaba con Dios, y la Palabra era Dios. El que es la Palabra existía en el principio con Dios." (Jn 1:1-2 NTV).

La Palabra de Dios es el fundamento sobre lo cual el Padre edifica todo su propósito. Jesús decretó: "El cielo y la tierra dejarán de existir, pero mis palabras permanecerán para siempre." (Mt 24:35 TLA). Hay un dicho conocido del reformador Martín Lutero quien dijo: "La Biblia no es antigua, no es moderna, es eterna". Todo lo que tratemos de edificar sin un sustento en la Palabra será frágil, humano y no contará con el respaldo del cielo.

Cuando Dios levantó a Josué como líder de la nación de Israel para que la guíe a la conquista de la tierra prometida, no le dió estrategias de guerra o planos de ataque, sino que le enseñó que su éxito en la conquista y en la repartición de la tierra radicaría en dejar que la Palabra de Dios dominara y controlara su vida. En la medida que la Palabra de Dios te gobierne, progresarás y conquistarás (Jos 1:7-8).

Así como la vara fue lo que caracterizó a Moisés, que donde iba le acompañaba, en el caso del ministerio de Josué, lo que le debía identificar sería el Libro de la Ley o la Palabra de Dios. Para que este libro conquistara a Josué interiormente, debía estar en su boca, en su mente y en su corazón. La Palabra de Dios no debía apartarse de su boca, más bien necesitaba confesarla de continuo, luego debía meditar y pensar en ella constantemente. Y además necesitaba atesorarla en su corazón, para poder obedecerla sin argumentos y sin pretextos. Solo así, Josué podría contar con el apoyo y el éxito de Dios para su vida. El consejo a Josué era claro: "Vas a tener éxito en la toma de la tierra en la misma proporción que te dejes conquistar por la Palabra de Dios".

La Palabra de Dios contiene todo lo que un discípulo puede necesitar para cualquier situación, desafío y crisis que enfrentará en su vida. Ella nos da consejos, nos alinea, nos exhorta, nos enseña y nos forma (2 Tim 3:16-17). Por tal razón, es necesario desarrollar una vida donde ella habite y domine nuestros corazones. No se trata de tener un estilo de vida de turismo espiritual o de una lectura eventual, donde la leemos en ciertas ocasiones, o solo cuando tenemos un problema. De hecho, es triste cuando caemos en esta trampa de solo leerla cuando tenemos que preparar un mensaje para la célula o para el culto de la iglesia.

Descubrirás que muchas veces se desatará una guerra y una lucha para que no la puedas leer, y en otras ocasiones tu alma y tu carne se van a resistir. No vas a sentir deseos de leerla o estudiarla. No obstante, recuerda que la Palabra no es un libro, es una persona, es Dios y Él quiere hablar todos los días a tu vida. Dale prioridad a la Palabra de Dios; que sea lo primero que leas en la mañana al levantarte y lo último con lo que te conectes al acostarte. Medita en ella, vívela y te llevará a experimentar una vida abundante.

DECLARACIÓN 📢

Padre, gracias por regalarme tu Palabra. Tu Palabra me vivifica, me instruye y me equipa para cumplir tu voluntad en la tierra. Renuncio a toda rebeldía, a la altivez, a la obstinación y a todo argumento que se levanta contra el conocimiento de tu revelación. Me abro a la revelación de tu Palabra y decreto que seré transformado. Declaro que me visto de fe para creer en ella, caminando en humildad para que me forme, y en obediencia para vivirla todos los días. Cada día me acercaré a ella y mi vida cambiará para la gloria de Dios. ¡En el nombre de Jesús, Amén!

DEVOCIONAL 📖

Lectura Bíblica para hoy:
Génesis 1, Salmo 119:49-112, Juan 1

Mi palabra Rhema para hoy es:

_____

_____

Tiempo de oración:
De ___:___hrs a ___:___hrs

DESAFÍO 11 🎯

El desafío de hoy si decides aceptarlo, es memorizar 3 versículos de la Biblia. Deben quedar grabados en ti, a tal punto que jamás los olvides. Vas a ejercitar tu mente en la memorización de las Escrituras.

Si quieres un mayor desafío te animo también a memorizar un capituló de la Biblia, escoge uno de estos tres, Romanos 8, Hebreos 11 o Efesios 1.

Para subir las fotos y contar el testimonio de tu desafío en redes sociales puedes utilizar el hashtag **#91DíasDeConquista.**

DISCIPULADO 12

"

La Sangre de Cristo

"sino con la preciosa sangre de Cristo, como de un cordero sin mancha y sin defecto." 1 Pedro 1:19 NBD

La Sangre de Cristo es el medio que nos acerca a Dios y el componente que ha derrotado a las tinieblas. La sangre de Cristo es lo único que nos da acceso al Padre. Donde está la señal de la sangre del Cordero, el enemigo queda neutralizado. Nuestra redención no fue nada barato. De hecho, ni todo el oro del mundo hubiera bastado para salvar una alma o limpiar un solo pecado. Lo único que salva es la sangre de Cristo: "Dios los rescató a ustedes de la vida sin sentido que llevaban antes […] Pero ustedes saben muy bien que el precio de su libertad no fue pagado con algo pasajero como el oro o la plata, sino con la sangre preciosa de Cristo…" (1 Pe 1:18-19 PDT).

El primer derramamiento de sangre en la tierra, lo tuvimos en el huerto del Edén, cuando Adán y Eva pecaron. Ellos se taparon y se escondieron detrás de unas hojas de higuera. Esto es lo que hace la religión: Solo cubre y tapa, pero no limpia, ni transforma. Sin embargo, antes de dar vestiduras, Dios actuó diferente: Derramó sangre. "Y el Señor Dios hizo ropa de pieles de animales para Adán y su esposa." (Gn 3:21 NTV). Este es el primer sacrificio registrado en el Génesis. Muchos conectan la palabra sangre con la muerte, sin embargo para Dios es sinónimo de vida. Dios declara: "Porque la vida de la carne en la sangre está..." (Lv 17:11). De manera que se derrama sangre de un sacrificio para que alguien reciba redención, salvación y vida.

En el capítulo 12 de tres diferentes libros de la Biblia encontramos revelación sobre el poder de la sangre. En Éxodo 12:23, tenemos el poder protector de la sangre: "Porque Jehová pasará hiriendo a los egipcios; y cuando vea la sangre en el dintel y en los dos postes, pasará Jehová aquella puerta, y no dejará entrar al heridor en vuestras casas para herir." Esto nos muestra que la sangre es una cobertura que las tinieblas no pueden traspasar.

Luego en Hebreos 12:24, donde se nos manifiesta el poder redentivo de la sangre: "a Jesús el Mediador del nuevo pacto, y a la sangre rociada que habla mejor que la de Abel." Esto revela que la sangre de Cristo es mediadora y reconciliadora.

Ella no clama por justicia, ni venganza, sino por el perdón de los pecados. Solo hay acceso a Dios y perdón de los pecados, por medio de la sangre de Cristo (Heb 9:22). Esta es la sangre más preciosa y costosa de toda la eternidad. Sin embargo, la podemos pisotear con nuestra vida y testimonio. Por tal razón, los que hemos sido lavados en ella, debemos caminar en temor y reverencia a Dios todos los días de nuestra vida.

Y finalmente en Apocalipsis 12:11, tenemos la sangre de Cristo nombrada. Aquí se nos revela el poder triunfante de la sangre: "Y ellos le han vencido por medio de la sangre del Cordero…". El apóstol Marcelino Sojo nos dijo en una ocasión una frase que quedó grabada en mi espíritu: "Toda la guerra en el mundo espiritual es con sangre". La sangre de Cristo nos cubre, nos reconcilia, y además nos da victoria total sobre las tinieblas. Esta es una de las armas más violentas en lo que respecta lo eterno y lo invisible. Incluso las tinieblas pelean con y por sangre. Cada aborto de un niño es un derramamiento de sangre y una ofrenda a Satanás; cada jovencita que fornica y rompe así su himen derramando sangre, sin haber hecho pacto, ni contraer matrimonio, le está dando su virginidad como ofrenda de sangre a las tinieblas. Mas Cristo, es la ofrenda sin defecto que derramó su sangre perfecta por nosotros y por todos nuestros pecados, para que podamos recibir perdón; andar en justicia delante de Dios y caminar con autoridad y poder sobre las tinieblas. Poderoso es saber, que esa sangre después de dos mil años no se ha secado, sino que sigue viva y activa. Es por esto que cuando confesamos nuestros pecados, la sangre de Cristo sigue vigente para limpiarnos de toda maldad. Hay poder cuando confesamos que confiamos en ella.

Es necesario aprender a aplicar la sangre de Cristo en nuestras vidas y en nuestros hogares a través de la Santa Cena. En el antiguo testamento hubo que poner sangre de cordero en las puertas, lo cual representa a Cristo, pero hoy en el nuevo pacto podemos aplicarla en nuestros hogares por medio de la Santa Cena. Declara con todas tus fuerzas: ¡La sangre de Cristo tiene todo el poder!

DECLARACIÓN

Padre, gracias por enviar a tu Hijo como ofrenda perfecta por mi. Gracias por la sangre del Cordero derramada por mi redención. En este día, pongo mi fe en la bendita sangre de Jesús que me da acceso al trono del Padre. Pongo mi confianza en la poderosa sangre del Cordero y declaro que el enemigo no me puede tocar. Tengo inmunidad espiritual por estar bajo el poder de tu sangre, las tinieblas no pueden destruir ni mi hogar, ni mi descendencia. Hoy me levanto en victoria porque la sangre de Cristo ha derrotado a todos mis enemigos. ¡En el nombre de Jesús, Amén!

DEVOCIONAL

Lectura Bíblica para hoy:
Éxodo 12, Hebreos 12, Apocalipsis 12

Mi palabra Rhema para hoy es:

_____

_____

Tiempo de oración:
De ___:___hrs a ___:___hrs.

DESAFÍO 12

El desafío de hoy si decides aceptarlo, es realizar la Santa Cena para liberar tu casa y cubrir a tu familia aplicando el poder de la Sangre de Cristo. Esta semana harás la Santa Cena dos veces. La primera vez en tu casa, declarando que consagras tu vida y tu familia a Dios y confesando su protección. Esta santa cena de consagración debe estar aprobado por tus pastores.

Te recomiendo oír el tema del apóstol Marcelino Sojo con el título "El Poder de la Sangre" en el siguiente enlace de Youtube https://www.youtube.com/watch?v=aBVnCvXi-p4 (También puedes escanear el código con tu télefono).

Para subir las fotos y contar el testimonio de tu desafío en redes sociales puedes utilizar el hashtag **#91DíasDeConquista.**

DISCIPULADO 13

"

El Poder del Nombre

"para que en el nombre de Jesús se doble toda rodilla de los que están en los cielos, y en la tierra, y debajo de la tierra;" Filipenses 2:10

Jesucristo es el único Nombre al que el cielo responde. Ningún nombre es tan aborrecido en el mundo espiritual y que a su vez produzca tanta controversia aquí en la tierra, como el Nombre de Jesús. La gente no tiene problemas con la palabra "Dios", o con los nombres Mahoma o Buddha, pero cuando se menciona a Cristo hay una reacción inmediata y se crea una polémica.

Tanto para Dios, como para el pueblo de Israel, un nombre no es cualquier cosa; es mucho más que una forma de distinguir a alguien. Para Dios, un nombre tiene un valor y un significado profundo. Un ejemplo son los nombres de Dios en la Biblia que revelan su carácter, su potencial y su naturaleza. Incluso manifiestan un concepto a través del cual Dios establece un punto de contacto con su pueblo para bendecirle y protegerle. No puedo dar una exposición de todos los nombres de Dios en este devocional, pero sí te enseñaré siete que son conocidos en el antiguo testamento. Lo importante es recordar que cada uno de estos nombres revelan algo del carácter de Dios y áreas en las que Él se quiere manifestar a tu favor.

Comencemos por el nombre de Dios, *Elohim* (Gn 1:26), que significa: "El Señor". Es un nombre que tiene un sentido plural en hebreo, y aunque Dios es uno (Dt 6:4), sabemos que pluralidad alude al Dios trino: Al Padre, al Hijo y al Espíritu Santo. Encontramos además, *El-Shaddai* (Gn 17:1-2), el Todopoderoso o el Todo suficiente, para quien nada es difícil, ni imposible. Asimismo hallamos el nombre, *Jehová-Yireh* (Gn 22:12-14), que significa: "Dios, mi Proveedor". En Él tenemos todo lo que necesitamos y podemos tener mucho más abundantemente de lo que pedimos o entendemos. Continuamos con el nombre de *Jehová-Rapha* (Ex 15:26), que significa: "Dios, mi Sanador", ya que sabemos que Dios no solo puede, sino también quiere sanar a su pueblo de enfermedades. Otro nombre en el antiguo testamento es *Jehová-Tsidkenu* (Jer 23:5-6), que significa: "Dios, mi Justicia", porque sabemos que aunque somos culpables por haber pecado, por medio de su justicia somos libres de todo juicio y de toda condenación. Encontramos el nombre *Jehová-Nissi* (Ex 17:13-15) que significa: "Dios es mi Victoria o mi

Conquistador", porque tenemos un Dios que nos lleva de triunfo en triunfo, no importando las oposiciones que enfrentemos. Finalmente tenemos el nombre *Jehová-Shalom* (Jue 6:24), "Dios es mi Paz". Él es quien en medio de las crisis nos mantiene en paz y completos en lo más arduo de la batalla.

Aunque todos estos nombres son únicos y poderosos, ya que se pueden aplicar a diferentes áreas y situaciones de nuestras vidas, hay un Nombre que es sobre todos los nombres y es el Nombre de Jesucristo. Este es el nombre que ejerce el señorío absoluto en el cielo y en la tierra (Fil 2:9-11). Solo en este nombre tenemos salvación y acceso a una eternidad con Dios (Hch 4:12). En el nombre de Jesús podemos pedir al Padre, y tener la confianza que vamos a recibir (Jn 14:13). Es un nombre que ejecuta dominio sobre las tinieblas y solo en ese nombre todos los demonios tienen que huir y las enfermedades abandonar los cuerpos (Mr 16:17). Hoy en el nombre Todopoderoso de Jesucristo, tenemos la seguridad de nuestra salvación, y además la confianza para pedir y creer que podemos recibir, sabiendo que para Dios no hay nada imposible.

DECLARACIÓN 📢

Padre, gracias porque he recibido la llave poderosa del Nombre de Jesucristo. Recibo la revelación en este día sobre este nombre Todopoderoso. Gracias porque siempre me oyes y contestas mis oraciones en este Nombre. El cielo me pone atención y Tú vienes a mi socorro cuando declaro el nombre de Jesús. Los espíritus tiemblan de pavor y se someten a mí cuando menciono Tú Nombre. Declaro que toda persona por la cual yo ore, será libre y sana.
¡En el nombre de Jesús, Amén!

DEVOCIONAL 📖

Lectura Bíblica para hoy:
Mateo 21, Filipenses 2, Juan 14

Mi palabra Rhema para hoy es:

_____

_____

Tiempo de oración:
De ___:___hrs a ___:___hrs

DESAFÍO 13 🎯

El desafío de hoy si decides aceptarlo, es buscar y preguntar por alguien que esté enfermo. Puede ser un no creyente o un hermano de tu congregación, a quien puedas ministrarle sanidad en el Nombre de Jesús. Tienes que activar tu fe y ser testigo del poder que hay en este Nombre. Si no encuentras a nadie, te insto a que vayas a un hospital. Pide al Espíritu Santo que te guíe hacia una persona enferma para que ores por él o ella. Hazle saber a la persona, que Dios te envió. Predica y testifica de lo que Dios ha hecho en tu propia vida y dile que Dios puede sanarle en el Nombre de Jesús.
Para subir las fotos y contar el testimonio de tu desafío en redes sociales puedes utilizar el hashtag **#91DíasDeConquista.**

❝

El Reino de Dios

"Tu reino es reino de todos los siglos, Y tu señorío en todas las generaciones."
Salmo 145:13

Cristo no vino solo a salvarte sino a reinar en ti, y a gobernar a través de ti. La palabra reino en el griego es *basilea* que además de reino significa: "Señorío, dominio y gobierno". Nuestra sumisión al reinado y al señorío de Cristo, es lo que nos da autoridad para gobernar sobre los sistemas de pecado y nos da poder para vencer las tinieblas. Reino es un gran tema en la Palabra de Dios. El término "reino de Dios" aparece unas 52 veces en el nuevo testamento, y la expresión "reino de los cielos" aproximadamente 31 veces. Sin embargo, ¿qué significa y qué implica el reino de Dios?

Cuando hablamos del "reino de Dios" nos referimos al espacio, a la esfera y a la dimensión sobre la cual Dios reina y ejerce libremente y sin impedimento, su autoridad. Aunque Dios es el Creador y el Dueño de toda la creación, existen sistemas creados en nuestra sociedad, que no están bajo el señorío de Cristo. Satanás ha tejido un sistema de pecado y diversión; un sistema económico y educacional, en los cuales ha secuestrado al hombre para que éste se rebele y no experimente la necesidad de Dios. Por tal razón, cuando un hijo de Dios entra en una universidad, en una fábrica o en un restaurante, juntamente con él está entrando el señorío, la luz y el reino de Dios.

Hay demasiado que enseñar acerca del reino y no lo podré hacer en un devocional, pero te impartiré algunas verdades.

Lo primero, es que el gobierno de Dios estaba en la tierra antes de la rebelión del hombre, pero Adán perdió el reino y el señorío que le había sido otorgado cuando pecó (Lc 4:6). No obstante, es en Cristo que lo recuperamos. Es por esta razón que a Cristo se le llama el segundo Adán (1 Co 15:45). Él vino a la tierra a recuperar y a establecer nuevamente lo que el primer Adán perdió en el huerto del Edén, de manera que, Jesús comenzó su ministerio anunciando y predicando el reino de Dios. El evangelio de Mateo, dice: "Desde entonces comenzó Jesús a predicar, y a decir: "Arrepentíos, porque el reino de los cielos se ha acercado." (Mt 4:17). El reino fue el primer tema cuando inició su ministerio y el último antes de ascender a los cielos (Hch 1:3).

Lo segundo, es importante entender que la palabra reino está ligada a la obediencia y a la ejecución de la voluntad de Dios en la tierra: "Venga tu reino. Hágase tu voluntad, como en el cielo, así también en la tierra." (Mt 6:10). Una de las señales de que a alguien se le reveló el reino, es que pasa de rebelión a obediencia.

Lo tercero, es que el reino de Dios no es un lugar geográfico, sino que es una dimensión. Está arriba en el cielo, y de igual manera está en nosotros a través de Cristo (Lc 17:21). Es Él en nosotros que puede traer el orden y el gobierno de Dios al trabajo, a la escuela, al centro comercial, etc. En otras palabras, cuando Cristo gobierna tu vida, llevas el reino de Dios adondequiera que vayas.

Lo cuarto, es que no se puede ser ciudadano del reino por una solicitud de membresía, sino que el único medio es por un nuevo nacimiento y un cambio absoluto de naturaleza. Tu espíritu queda sellado cuando naces de nuevo, como ocurre con un pasaporte, el cual pertenece solo y únicamente a un país. ¡Ojo! Es sin derecho a la doble nacionalidad. No puedes ser del mundo y del reino de los cielos. El Espíritu Santo de una forma misteriosa y sobrenatural te transforma y te imparte los códigos genéticos de Dios, de manera que, recibes la naturaleza divina de Dios (Jn 3:3-5).

Lo quinto, es que el reino de Dios se manifiesta aquí en la tierra a través de ti con sanidades y liberaciones: "Mas si por el dedo de Dios echo yo fuera los demonios, ciertamente el reino de Dios ha llegado a vosotros." (Lc 11:20). Levántate y cree que a través de ti, fluirá el poder para traer liberación a tus generaciones de toda maldición y de las obras de las tinieblas.

Por último, lo más importante, es que el reino tiene que ser tu prioridad. Cada vez que el reino no es lo primero para ti, tu vida queda fuera de orden. La idea es que el reino de Dios tenga tal nivel de precedencia y preferencia, que se vuelva en aquello que legisla y dicta tu vida. Todo lo demás debe hacer fila, porque el reino de Dios debe tener preeminencia en todo; "Mas buscad primeramente el reino de Dios y su justicia, y todas estas cosas os serán añadidas." (Mt 6:33).

DECLARACIÓN 📢

Padre, quebranto toda mentalidad religiosa heredada, que se opone a los principios del reino de Dios. Desarraigo toda raíz legalista que persigue el reino. Todo pensamiento anti-reino que está camuflado en mi alma es anulado. Declaro que recibo revelación de reino y gobierno. Hoy recibo nuevos patrones de pensamientos que vienen del cielo. A partir de hoy entiendo, vivo y manifiesto el gobierno de Cristo en el trabajo, en la escuela, en la empresa y en la célula. Todo lo que pise mi pie será territorio del reino. ¡Lo creo!
¡En el nombre de Jesús, Amén!

DEVOCIONAL 📖

Lectura Bíblica para hoy:
Salmo 145, Mateo 13, Marcos 4

Mi palabra Rhema para hoy es:

_____

_____

Tiempo de oración:
De ___:___hrs a ___:___hrs.

DESAFÍO 14 🎯

El desafío de hoy si decides aceptarlo, es doble. Esta noche debes patrullar proféticamente un sector que te asigne tu pastor, con dos o más hermanos. Saldrán a hacer una caminata profética y reclamarán los territorios que pisan para el reino de Dios. Se levantarán en guerra espiritual para reprender las tinieblas y activar un cambio espiritual para aquel lugar. Recuerda que cuando un lugar es liberado se debe evangelizar rápidamente.

Al día siguiente, apartarán dos horas para ir por las casas, tocando puertas y llevando el reino de Dios a través de la Palabra del testimonio. Declaro que sanidades y liberaciones les seguirán adondequiera que entren.

Para subir las fotos y contar el testimonio de tu desafío en redes sociales puedes utilizar el hashtag **#91DíasDeConquista.**

"

La Presencia y el Poder de Dios

"Buscad a Jehová y su poder; Buscad siempre su rostro."
Salmo 105:4

El que cuida la presencia de Dios, experimentará de forma normal lo sobrenatural. La presencia de Dios está relacionada con lo secreto y lo íntimo del Señor, mientras que el poder y la unción están ligados al ministerio público. La presencia está relacionada con tu entrega a Dios, mientras que el poder y la unción tienen que ver con tu servicio a la gente.

Es visible cuando has estado con Dios, e incluso es notorio cuando te falta tiempo en lo secreto. La gran clave en la vida del profeta Elías era que, no importando dónde estuviera, él habitaba continuamente en la presencia de Dios (1 Re 17:1). Moisés dijo concerniente a la presencia de Dios: "...Si tu presencia no ha de ir conmigo, no nos saques de aquí." (Ex 33:15), y David después de haber pecado, clamó a Dios diciendo: "¡No me despidas de tu presencia, ni quites de mí tu santo espíritu!" (Sal 51:11 RVC).

Me imagino que David se tiene que haber acordado de cómo fue, cuando el Espíritu de Dios se apartó de Saúl, que abriendo él puertas a las tinieblas, un espíritu malo lo atormentaba. Aún Jesús cuidó muy bien la presencia del Espíritu Santo, para luego operar en el poder de Dios. Podemos ver la presencia del Espíritu guiándolo (Mt 4:1), y además lo vemos empoderándole para llevar acabo la obra del ministerio (Lc 4:18).

Leonard Ravenhill dijo: "El secreto de la oración, es la oración en secreto." Todo discípulo o líder en el reino que quiera tener éxito en su llamado, tiene que primero cuidar su vida personal con Dios. De estos momentos es de donde sacarás la fuerza, la unción y el poder para hacer la obra de Dios.

Tu cámara secreta es clave para lo que ves en tu ministerio público. El reformador Martín Lutero decía: "Cuando no oro un día, Dios lo sabe. Cuando no oro dos días el diablo lo sabe. Cuando son tres días, la gente lo empieza a notar." El poder fluye desde este lugar de intimidad que nadie ve.

Este aspecto doble de la presencia y el poder se hace tangible en nuestra relación con el Espíritu Santo. Hemos recibido el Espíritu Santo para la comunión

(2 Co 13:14), y además lo hemos recibido como un poder, para manifestarlo (Hch 1:8). Es aquí donde se produce un problema, ya que frecuentemente personas pueden descuidar la presencia de Dios en su vida y los dones seguir operando por un tiempo (Mt 7:21-23). Por tal razón, no permitas que la manifestación del poder del Espíritu Santo dicte el estado de tu vida íntima con Dios. Al mismo tiempo, nunca dejes de ministrar a una persona con necesidad, por el solo hecho que quizá no alcanzaste a orar o a tener comunión con el Espíritu Santo.

Es importante saber balancear la presencia de Dios y la operación de su poder. El llamado es doble, somos atraídos para estar con Dios y somos enviados para liberar y para sanar a la gente. Jesús convocó a sus discípulos con un propósito doble: "...para que estuviesen con él, y para enviarlos a predicar" (Mr 3:14).

DECLARACIÓN 📢

Padre, caminaré en tu presencia todos los días y manifestaré tu poder y tu unción donde me envíes. Ato mi vida a tu Santo Espíritu y confieso que jamás me apartaré de tu Presencia. Veré la manifestación de tu gloria en todo lugar donde me envíes. Viviré enfocado en tu presencia, y tendré la certeza de que las señales me seguirán. Declaro que mi pasión por tu presencia nunca menguará; y que mi hambre por tu unción jamás disminuirá.

¡En el nombre de Jesús, Amén!

DEVOCIONAL 📖

Lectura Bíblica para hoy:
Éxodo 33, Salmo 51, 1 Reyes 17

Mi palabra Rhema para hoy es:

_____

_____

Tiempo de oración:
De ___:___hrs a ___:___hrs.

DESAFÍO 15 🎯

El desafío de hoy si decides aceptarlo, es que en los próximos días debes entrevistar a 1-3 líderes que hayan tenido un avance espiritual significativo en sus ministerios. Mientras más personas entrevistes mayor conocimiento tendrás para cometer menos errores. La entrevista radica en que hagas las siguientes preguntas: ¿Cómo has logrado balancear tu vida con Dios y el servicio a las personas?, ¿Qué errores has cometido que puedas compartir, que nos ayuden para el futuro?, ¿Cómo actúas frente a los tiempos de frustración, y cómo sales adelante?, ¿Cómo balanceas el ministerio y la familia? Prepara más preguntas que vengan a tu mente. Dale gracias por su tiempo, y hónrales con algo que Dios pueda poner en tu corazón, ya que la honra siempre crea un punto de conexión y activa una unción.

Para subir las fotos y contar el testimonio de tu desafío en redes sociales puedes utilizar el hashtag **#91DíasDeConquista.**

SEMANA 3
MI LLAMADO DIVINO

DISCIPULADO 16

——————— " ———————

Mi Llamado Divino

"Antes que te formase en el vientre te conocí, y antes que nacieses te santifiqué, te di por profeta a las naciones." Jeremías 1:5

El llamado no es algo que puedes inventar, sino que solo se descubre cuando Dios se revela a tu vida. Fuiste enviado por Dios a esta tierra con un llamado antes de ser concebido por tus padres. Dios te conoció a ti en la eternidad, antes que tus padres te vieran por primera vez. El apóstol Pablo afirma: "mas ahora, conociendo a Dios, o más bien, siendo conocidos por Dios" (Ga 4:9). En Romanos establece: "Porque a los que antes conoció, también los predestinó […] Y a los que predestinó, a éstos también llamó..." (Rom 8:29-30).

Miles de personas mueren todos los días sin saber por qué, ni para qué nacieron. No obstante, tú no serás parte de aquella estadística.

La palabra *llamado* en griego es *kletos*, que implica "una invitación divina a participar" y "separado para un uso exclusivo". El día que tu llamado eterno es revelado, dejas de improvisar y experimentar con tu vida.

¿A qué nos referimos con un llamado eterno? A que desde antes de nacer, cargas con una tarea y encomienda divina. Para entender el llamado y el propósito eterno de Dios, hay que comprender que somos un espíritu que tiene una alma, y que habita en un cuerpo (1 Tes 5:23). Antes de la fundación del mundo éramos espíritus en la presencia de Dios (Heb 12:9). Y en esa eternidad Dios nos conoció, nos apartó y desde allí nos envió para que cumpliésemos su misión aquí en la tierra (Ef 1:4-5). Quizá no podamos entender la grandeza de todo esto cabalmente, pero, ¡Créelo! Dios te conoció, te llamó y te envió. El llamado es algo tan poderoso que te vuelve inmune e indestructible; no puedes morir hasta que no lo cumplas. El misionero escocés John Paton dijo: "Un creyente es inmortal mientras no acabe su obra en la tierra".

Una de las razones del porqué Dios aborrece el aborto es porque se derrama sangre inocente y se asesina propósito, antes de que pueda ser manifestado. En cada aborto se lincha a un ser humano y se asesina un llamado divino. Cargamos una misión celestial que muchas veces ni nuestros padres la percibieron. Aún tus profesores, amigos y familiares probablemente no tuvieron discernimiento para ver el propósito de Dios en tu vida. Es triste que gente no haya logrado ver lo que Dios depositó en ti, pero es una tragedia mayor cuando tú no descubres para qué naciste. Las personas que no conocen su llamado, viven confundidas, son emocionalmente volátiles, buscan continuamente la felicidad en nuevas experiencias, son azotadas por la depresión y nada de lo que emprenden les satisface plenamente. Otros terminan sus días viviendo como espectadores envidiosos y lo único que hacen es criticar y perseguir a los que han descubierto su propósito. Mas cuando el llamado eterno se manifiesta, dejas de ser un esclavo del sistema y una copia barata de otros, para volverte en un original del cielo que dejará una marca en tu generación.

La Biblia declara que David sirvió el propósito de Dios en su propia generación (Hch 13:36 LBLA). Cuando el propósito y el llamado se revela, todas las piezas del puzzle de tu vida, comienzan a encajar en su lugar. Es en este momento cuando entiendes por qué ha habido tanto ataque y tanta oposición contra ti. Cuando tu llamado eterno se revela, aún lo más terrible en tu vida adquiere propósito. Toda la basura que has vivido, Dios la recicla y la vuelve en un mensaje de bendición para tu generación. Los dolores del pasado que experimentaste sin entender el porqué, Dios los volverá en pasión para la misión del presente (Rom 8:28).

DECLARACIÓN 📢

Padre, gracias porque he sido escogido, deseado y enviado a esta tierra con un propósito. Cargo un llamado eterno. Creo que nada es casualidad, sino que todo lo que he vivido me ha preparado para esta hora. Este es mi tiempo; este es mi momento. Por lo tanto, no perderé la oportunidad gloriosa de responder al llamado eterno. Declaro que aún lo que Satanás usó para atrasar, se vuelve en una bendición y en una arma en mis manos. ¡Hoy es el tiempo para que mi llamado divino se manifieste!
¡En el nombre de Jesús, Amén!

DEVOCIONAL 📖

Lectura Bíblica para hoy:
Jeremías 1, Salmo 139, Filipenses 3

Mi Palabra Rhema para hoy es:

_____

_____

Tiempo de oración:
De ___:___hrs a ___:___hrs.

DESAFÍO 16 🎯

El desafío de hoy si decides aceptarlo, es doble. Primeramente, orarás a Dios que te ilumine más respecto al llamado y a los dones que ha puesto en tu vida. Seguidamente, pedirás a tus pastores o a alguien que ellos asignen, ayudarte a reconocer con exactitud los dones y la asignación que hay en ti, a través de las cualidades únicas que Dios te dio. La razón de esta instrucción es que todo llamado debe operar bajo la supervisión de una autoridad espiritual. Debemos estar conectados a nuestras autoridades para funcionar sanamente en las tareas divinas. Escribe y agradece todo lo que tus autoridades reconocen en ti.
Para subir las fotos y contar el testimonio de tu desafío en redes sociales puedes utilizar el hashtag **#91DíasDeConquista.**

DISCIPULADO 17

—————— **"** ——————

Escogidos por Dios

"según nos escogió en él antes de la fundación del mundo, para que fuésemos santos y sin mancha delante de él, en amor habiéndonos predestinado para ser adoptados hijos suyos por medio de Jesucristo, según el puro afecto de su voluntad," Efesios 1:4-5

Para este tiempo y para esta misión, Dios no quiso a otro, Él te escogió a ti. En Cristo fuimos "escogidos" (Ef 1:4). La palabra griega del Nuevo Testamento es *eklektos* que significa: "Elegido entre varios para algo específico". Implica que habían varias alternativas, pero fue a ti a quien el Padre escogió y en quien depositó algo único que nadie más tiene.

Tu vida en el llamado es como una huella digital: Es única e inimitable. Cuando se habla de ser escogido, se hace referencia a una iniciativa que únicamente Dios toma para con nosotros. Jesús afirmó: "No me elegisteis vosotros a mí, sino que yo os elegí a vosotros, y os he puesto para que vayáis y llevéis fruto..." (Jn 15:16). Pero en Cristo no solo fuimos escogidos, sino que además fuimos "predestinados" (Ef 1:5). Dicha palabra en griego es *prohorizo*. Esta es una palabra compuesta, cuyo prefijo pro significa antes, y su raíz *horizo* significa marcado. Fuimos señalados desde la eternidad por Dios para un llamado. El dedo índice de Dios nos apuntó y nos dijo: "Llegó tu hora, te toca entrar". Incluso, predestinado implica, que Él nos diseñó desde antes de nacer con un final de victoria. Es por esto que con Dios es imposible fracasar.

Además de la predestinación la Palabra declara que fuimos "adoptados" (Ef 1:5). ¿Cuál es la diferencia entre un hijo engendrado y uno adoptado? Hay hijos que fueron engendrados, pero nacieron sin nunca haber sido deseados, es decir, que llegaron como una sorpresa. Pero un hijo adoptado nunca es una sorpresa. Es un hijo que se escoge. En Cristo, tú y yo hemos sido escogidos para ser adoptados.

También dice la Palabra, que en Él fuimos "aceptados" (Ef 1:6). Por eso es que en Cristo somos libres de todo rechazo. Esto es poderoso, ya que esta revelación produce una profunda liberación para operar en el llamado eterno. Hay tantas personas que en silencio sufren de complejos, como lo son la inferioridad, el rechazo y la inseguridad, que cuando sabes que eres aceptado, eres sano para siempre. Eres sano a tal punto que los que más te odian, no logran herirte más. A las personas que han sido libres del espíritu del rechazo, se les activa una unción para atraer a las multitudes. Estudia a la mujer samaritana (Jn 4:4-42).

Tú y yo, en las manos de Dios hemos dejado de ser comunes y corrientes, para convertirnos en gente sobresaliente, con un llamado y un propósito sobrenatural. El misionero James Hudson Taylor dijo: "No son los grandes hombres que transforman el mundo, sino los débiles y pequeños en las manos de un Dios grande". Lo mismo es con nosotros. Te preguntarás: "¿Por qué Dios me escogió a mí? No tengo nada especial." Es justamente de esto que se trata el llamado de Dios; no de lo que nosotros podamos hacer para Él, sino de lo que Él se ha comprometido a hacer a través de nosotros. Y ya que no éramos nada sin Él, nos escogió para hacernos especiales y únicos en su propósito. La Palabra declara: "No por ser vosotros más que todos los pueblos os ha querido Jehová y os ha escogido, pues vosotros erais el más insignificante de todos los pueblos; sino por cuanto Jehová os amó…" (Dt 7:7-8).

DECLARACIÓN 📣

Padre, en este día te doy gloria porque soy libre de todo rechazo y menosprecio. Tu Espíritu y tu propósito me sanan y me liberan. Perdono a toda persona que en algún momento me rechazó. Hoy me levanto a declarar que en Cristo, soy escogido, soy aceptado, soy adoptado, soy llamado y soy enviado. No caminaré nunca más en confusión, porque tengo propósito. Y nadie tiene poder para herirme, porque yo sé que Dios me ha predestinado en la eternidad. Lo creo y lo recibo. ¡En el nombre de Jesús, Amén!

DEVOCIONAL 📖

Lectura Bíblica para hoy:
Efesios 1, Efesios 2, Efesios 3

Mi Palabra Rhema para hoy es:

_____

_____

Tiempo de oración:
De ___:___hrs a ___:___hrs.

DESAFÍO 17 🎯

El desafío de hoy si decides aceptarlo, es ayudar en todo lo que sea necesario, no importando tu posición. Evalúa tu corazón, y si no te gusta servir reconoce que es un error en tu vida. Hoy preguntarás a tus líderes en qué cosas prácticas necesitan tu ayuda. Les harás saber también que para ti será una honra poder servirlos a ellos como hermanos o líderes de la iglesia.

Para subir las fotos y contar el testimonio de tu desafío en redes sociales puedes utilizar el hashtag **#91DíasDeConquista.**

——————————— **"** ———————————

No Huyas de tu Llamado

"¡Jamás podría escaparme de tu Espíritu! ¡Jamás podría huir de tu presencia!"
Salmo 139:7 NTV

Abandonar el llamado es renunciar al Dios que te escogió. Jesús dejó un principio claro de discipulado: "...El que pone la mano en el arado y sigue mirando atrás, no sirve para el reino de Dios." (Lc 9:62 DHH).

El llamado solo tiene pasaje de ida, no de vuelta. Y el que tiene billete de retorno, tiene una agenda escondida. El llamado es para gente que quema sus barcas y que nunca más vuelve atrás. El llamado sabe a quién no puede y a quién sí debe manifestar su poder y su favor. Por tal razón, no hay éxito, ni favor pleno en el llamado, hasta que no rindes todo lo que Dios te pide. El llamado debe ser honrado estando dispuesto a darlo todo (Heb 5:4), pues solo así evidenciarás que realmente crees que Dios te llamó.

¿Te has preguntado por qué has sufrido tanto ataque después de que comenzaste a servir a Dios? Debes estar consciente de que la batalla no es contra ti primeramente, sino que es por causa de la asignación eterna que cargas. Las tinieblas tienen pavor a que se manifieste lo que Dios depositó en ti. El propósito del ataque, es para que abandones tu llamado. El enemigo sabe que quizá no volverás a los vicios de tu vida pasada, que no dejarás la iglesia y no dejarás de leer tu Biblia, pero sabe que si dejas tu llamado, entras inmediatamente en un escenario de pecado y de rebeldía.

Pecado no solo es hacer lo malo, sino que es no cumplir con lo que Dios te designó a hacer. Necesitas quebrantar la brujería mental que, a pesar de tanta evidencia de bondad y de fidelidad de Dios, cada cierto tiempo se manifiesta una maldición de bipolaridad, que te impulsa a soltar tu compromiso con Dios y finalmente a dejar tu llamado.

Pablo confronta a los gálatas diciendo: "¡Gálatas, duros para entender! ¿Quién los embrujó?..." (Ga 3:1 DHH). Otra versión dice: "¡Ay gálatas tontos! ¿Quién los ha hechizado?..." (NTV). Estas hechicerías mentales y locuras desenfrenadas, solo tienen éxito en creyentes que no se han definido por el reino de Dios; que no han cerrado sus puertas al pecado, a su alma, ni a las relaciones equivocadas que los manipulan.

La Biblia dice que Jonás "...se levantó para huir de la presencia de Jehová..." (Jon 1:3). ¿Será que Jonás estaba huyendo de la presencia de Dios o no quería ir a Nínive? ¡Exacto! No quería ir a Nínive, porque allí se encontraba su llamado; ahí estaba el lugar de su asignación. Y cuando huyes de tu asignación, renuncias a tu llamado y rechazas al Dios que te escogió. No puedes separar a Dios del llamado. El reconocido misionero David Livingstone dijo: "Prefiero estar en África cumpliendo la voluntad de Dios, que sentado en el trono de Inglaterra apartado de ella".

En la cruz, Cristo pagó con su vida por nuestra salvación. Esta salvación es una deuda eterna que jamás podremos pagar. Sin embargo, sí podemos agradecer cada vez que tenemos la oportunidad de servir y de cumplir con nuestra tarea eterna.

El apóstol Pablo declara: "Pues si anuncio el evangelio, no tengo por qué gloriarme; porque me es impuesta necesidad; y ¡ay de mí si no anunciare el evangelio!" (1 Co 9:16).

Hemos sido enviados a predicar el evangelio y a discipular, no importando si es una vida o miles de vidas. El apóstol Pablo menciona en el verso anterior con respecto al llamado, que es una "impuesta necesidad", es decir, una urgencia apasionante y apremiante que se vuelve más importante que nuestras propias vidas.

DECLARACIÓN 📢

Padre eterno, estoy determinado a vivir para tu llamado. Muero a mis agendas y a mis sueños personales que extinguen mi pasión por tu llamado. Renuncio a toda hechicería mental y espiritual que tienta a soltar mi compromiso contigo cada cierto tiempo; y a toda relación incorrecta que me aparta de tu propósito. Ningún hombre o mujer será primero que mi llamado. Confieso que jamás huiré de él. Tú cumplirás tu propósito en mí y no moriré sin haber cumplido tu plan aquí en la tierra.

¡En el nombre de Jesús, Amén!

DEVOCIONAL 📖

Lectura Bíblica para hoy:
Jonás 1, Jonás 2, Jonás 3

Mi Palabra Rhema para hoy es:

_____

_____

Tiempo de oración:
De ___:___hrs a ___:___hrs.

DESAFÍO 18 🎯

El desafío de hoy si decides aceptarlo, es discernir en oración si cada vez que sientes presión como discípulo decides dejar y abandonar tu compromiso con Dios. Descubre si hay un ciclo en tu vida, donde cada cierto tiempo te apartas o te desanimas y dejas todo. Si es así, necesitas ministración urgente para que algo se rompa. Pide a tus pastores o a quien ellos asignen que oren por ti. Reconocerás esto como un problema y un pecado en tu vida. Además escribirás tu oración de pacto de vivir para Dios y para Su llamado, no importando la presión.

Para subir las fotos y contar el testimonio de tu desafío en redes sociales puedes utilizar el hashtag **#91DíasDeConquista.**

DISCIPULADO 19

——— " ———

Desfigurado por el Llamado

"¿Quién ha creído a nuestro anuncio? ¿y sobre quién se ha manifestado el brazo de Jehová? Subirá cual renuevo delande de él, y como raíz de tierra seca; no hay parecer en él, ni hermosura; le veremos, mas sin atractivo para que le deseemos." Isaías 53:1-2

El llamado te desfigura para volverte hermoso para Dios. El quebrantamiento es una de las señales distintivas de la gente llamada por Dios. Isaías 53, hablando de la vida y del ministerio de Cristo dice: "Fue despreciado y rechazado: hombre de dolores, conocedor del dolor más profundo. Nosotros le dimos la espalda y desviamos la mirada; fue despreciado, y no nos importó." (Is 53:3 NTV).
Cuando Dios nos llama, no es para la comodidad, sino más bien para ser sembrados para lo eterno. El apóstol Pablo declara: "Así que de buena gana gastaré todo lo que tengo, y hasta yo mismo me desgastaré del todo por vosotros. Si os amo hasta el extremo, ¿me amaréis menos?" (2 Co 12:15 CST). El predicador, George Whitefield dijo: "Es mejor gastarse que oxidarse". El llamado puede en ocasiones desgastar física- y emocionalmente, y a su vez te renueva y te hace la persona más feliz del mundo. Es la única inversión que te asegura una ganancia eterna. Aquellos a quienes se les reveló el llamado, lo valoran más que a su propia vida. El apóstol Pablo afirma: "pero mi vida no vale nada para mí a menos que la use para terminar la tarea que me asignó el Señor..." (Hch 20:24 NTV).
Las personas que creen conocerte, y no entienden tu llamado, pensarán que te has vuelto loco, que estás perdiendo tu vida, que perjudicas a tu familia y que te estás malgastando por algo vano. Y así como te habrán visto en tus fases de quebranto, Dios también preparará una mesa de sobreabundancia, para que todos los que te menospreciaron vean tu progreso y tu prosperidad por causa del llamado. Abraham pasó por muchas fases de trato y de quebrantamiento. Sin embargo, acabó sus días viendo la bendición de Dios en todas las áreas: "Era Abraham ya viejo, y bien avanzado en años; y Jehová había bendecido a Abraham en todo." (Gn 24:1). El patriarca terminó sus días viendo el favor y la sobreabundancia, no en algunas cosas, sino en TODO. El llamado tratará con lo que hay en ti, que pueda estorbar el propósito divino. El llamado desfigurará toda vanidad escondida, quebrantará

todo orgullo encubierto, sacará a la luz los temores escondidos y confrontará tu idolatría por la comodidad. No obstante, aunque pareciera que te deforma externamente, te transformará internamente.

A los 16 años de edad me dijeron: "Estás perdiendo tu vida con esto del llamado. Mejor dedícate a disfrutarla, porque solo se vive una vez." Hoy en día es triste ver la condición de aquellas personas que se burlaban de mí. Incluso, tenía un amigo que me escupió en la cara por causa de mi llamado. Hoy tengo 42 años y han pasado 26 años desde que le entregué mi vida a Cristo. Me faltaría vida para contarte de mis aventuras, bendiciones y victorias que vivo continuamente a causa del llamado.

La predicadora Kathryn Kuhlman dijo en una ocasión: "El mundo me ha llamado tonta por haberle dado mi vida entera a Alguien que nunca he visto. Sé exactamente lo que voy a decir cuando esté en su presencia. Cuando mire el maravilloso rostro de Jesús, tendré sólo una cosa para decir: Lo intenté y me entregué lo mejor que pude". Sí, es verdad. El llamado de Dios te hace perder tu vida, la desfigura, pero ganas algo todavía más relevante y eterno que ningún hombre o empresa en esta tierra te pueden dar.

Hay un dicho de John Wimber que dice: "Quisiera ser una moneda en tu bolso, Jesús, y gástame como quieras".

DECLARACIÓN 📢

Gracias Padre Eterno, por haberme escogido. Gracias por haberme dado propósito. No estimo preciosa esta vida. Solo es maravillosa si se gasta y se siembra para tu reino. Declaro que estoy dispuesto a vivir y a morir por esto. No tengo vida fuera del ministerio. El llamado me llena y tu propósito es lo único que me da destino. Me pacto en el altar, me rindo y me entrego por este bendito propósito, desde hoy y para siempre.

¡En el nombre de Jesús, Amén!

DEVOCIONAL 📖

Lectura Bíblica para hoy:
Isaías 53, 2 Corintios 6, 2 Corintios 12

Mi Palabra Rhema para hoy es:

_____

_____

Tiempo de oración:
De ___:___hrs a ___:___hrs.

DESAFÍO 19 🎯

El desafío de hoy si decides aceptarlo, será una semana de mucho trabajo y esfuerzo por la obra. Primeramente debes llegar antes que los otros participantes para ayudar a preparar el lugar de reunión, ya sea al culto o a la célula, y el último en irse para dejar todo limpio y en orden. Lo segundo, es que llevarás a una persona nueva el día domingo o el día de la célula. Y lo último, es llevar la mejor ofrenda financiera que hayas dado este año.

Para subir las fotos y contar el testimonio de tu desafío en redes sociales puedes utilizar el hashtag **#91DíasDeConquista.**

DISCIPULADO 20

"

El Poder de Ser Enviado

"Pero él se acercó y les dijo: «Dios me ha dado todo el poder para gobernar en todo el universo. Ustedes vayan y hagan más discípulos míos en todos los países. Bautícenlos en el nombre del Padre, del Hijo y del Espíritu Santo. Enséñenles a obedecer todo lo que yo les he enseñado. Yo estaré siempre con ustedes hasta el fin del mundo.»" Mateo 28:18-20 TLA

El éxito de tu llamado radica en conocer y entender quién te envía. En otras palabras, la potencia de nuestro llamado se fundamenta en saber que hemos sido enviados por Dios. En esta palabra "enviado", están encapsulados todos los milagros, el sustento financiero, la protección y el favor que necesitas para realizar y acabar la tarea.

Los enviados son embajadores (2 Co 5:20). El embajador es un delegado y un representante de gobierno, quien recibe respaldo total del reino que lo envía. No importando el lugar o el ambiente al que llegue el enviado, ni a qué tipo de personas haya sido comisionado, el éxito y el respaldo del envío siempre se sustentará en aquel que lo envió.

Cuando tienes la revelación de que Dios te envió, vienes a ser parte del escuadrón de fuerzas especiales que realiza las misiones humanamente imposibles. Jesús especifica a sus discípulos: "He aquí, yo os envío como a ovejas en medio de lobos..." (Mt 10:16) ¿Cómo puede Jesús ser el buen pastor y enviarnos a los lobos? El principio aquí es que una "oveja enviada" es más peligrosa y poderosa que un lobo maligno. Cuando sabes que eres enviado, te vuelves en una arma poderosa en las manos de Dios. Nunca digas, "no puedo", o "es demasiado difícil", porque el Dios que te envía está contigo, y si Él va contigo, la victoria es segura (Is 43:1-2). Catherine Booth, esposa del fundador del Ejército de Salvación, dijo: "No estás aquí en el mundo para ti mismo, has sido enviado aquí para otros. ¡El mundo te está esperando!" Ganar almas y hacer discípulos es la mejor siembra que puedes hacer. Para muchos el llamado a discipular es "La gran proposición", pero para la gente de reino es "La Gran Comisión", es decir, no es una opción, sino un mandato. Además, se nos dio una promesa que Él estaría con nosotros hasta el fin. Un día, cuando estemos rindiendo cuentas en el cielo, el Señor no te preguntará cuántos autos reparaste, o cuántos platos de comida cocinaste en el restaurante, o cuánto dinero ganaste en tu empresa, sino que la pregunta será ¿dónde están las personas que ganaste para mí y dónde están los discípulos que formaste?

Jesús vertió su vida en doce hombres tan comunes. Sin embargo, fue a través de ellos que transformó el mundo conocido de aquella época. El Señor nos dejó una enseñanza muy clara: No importando las debilidades o los problemas que las personas puedan estar pasando; si creemos y formamos el carácter de reino en ellos, las ciudades y las naciones podrán ser transformadas a través de un sencillo, pero poderoso equipo de hombres y mujeres.

Discipular con éxito, requerirá valorar a cada persona, dejando que el Espíritu Santo nos fusione a tal punto que nos volvamos en un equipo de reino.

Discipular no es un trabajo teórico, sino práctico. Vemos cómo Jesús no entrenó a su equipo en un salón de clases, sino que los puso ante personas, problemas y desafíos reales. Este fue su plataforma de enseñanza, el escenario práctico. Por lo tanto, cuando Jesús quería enseñar cómo sanar a los enfermos, no daba un estudio bíblico, sino que llevaba a sus discípulos a los enfermos y los hacía ejercer la autoridad que habían recibido. Cuando quería enseñarles a liberar a los endemoniados, los llevaba a situaciones de confrontación con los espíritus inmundos. Hubo veces que les funcionó y otras no. Incluso, Jesús permitió circunstancias que fueron hasta incómodas, con el solo propósito de entrenarlos y capacitarlos para desarrollar su fe y su compromiso con el reino de Dios.

DECLARACIÓN 📢

Padre de gloria, hoy declaro que me caso con tu visión. Este es mi pacto: Que mi pasión será vivir para ganar almas y hacer discípulos. Hoy se rompen los temores y las limitaciones en mi vida. Decreto que hay un despertar en mi vientre ministerial, que me llevará a dar a luz hijos espirituales. Mis ojos se abren hoy, para ver una generación para ti, mi Señor. No soy estéril, soy fructífero. Con Dios creceré y me multiplicaré.

¡En el nombre de Jesús, Amén!

DEVOCIONAL 📖

Lectura Bíblica para hoy:
Lucas 10, Mateo 28, Hechos 1

Mi Palabra Rhema para hoy es:

_____

_____

Tiempo de oración:
De ___:___hrs a ___:___hrs.

DESAFÍO 20 🎯

El desafío de hoy si decides aceptarlo, es tomar contacto con tus pastores o un líder, y pedir que te asignen un trabajo ministerial específico, con el fin de que te expongas a una situación nueva o también de mayor presión, de acuerdo a las metas ministeriales. El propósito es que al realizar algo nuevo o algo que no te gusta, desarrolles mayor compromiso y mayor fe.

Para subir las fotos y contar el testimonio de tu desafío en redes sociales puedes utilizar el hashtag **#91DíasDeConquista.**

DISCIPULADO 21

"

Deshaciendo las Obras del Diablo

"Después subió al monte, y llamó a sí a los que él quiso; y vinieron a él. Y estableció a doce, para que estuviesen con él, y para enviarlos a predicar, y que tuviesen autoridad para sanar enfermedades y para echar fuera demonios:"
Marcos 3:13-15

Jesús derrotó totalmente a Satanás en la cruz, pero dejó algunas de sus obras, para que nosotros las destruyamos y así sigamos manifestando Su triunfo. El evangelio de Marcos deja muy claro por qué y para qué Jesús llamó a un equipo de doce discípulos. Fueron llamados para estar con Jesús, y para equiparlos y enviarlos a sanar y a liberar a la gente oprimida por las tinieblas. Esto es básico, pero sumamente poderoso.

Fuimos llamados para estar con Dios y para ir a la gente con el fin de destruir toda obra del diablo y de esa manera edificar sus vidas para el reino de Dios.

Como discípulos, hemos recibido autoridad o potestad. Estas palabras en el griego se definen por *exousia*, que significa la "legalidad para mandar y manifestar". De igual manera, hemos recibido poder, que es *dunamis*, que implica "la fuerza o la capacidad" para ejecutar, atar y echar fuera toda enfermedad, dolor y espíritu inmundo.

Dios te puso en una célula para manifestar su poder y su gloria en las personas que están atadas y cautivas. Si no tienes una célula, puedes ir a las casas; evangelizar en las calles; predicar en los trenes; y manifestar el poder de Dios.

No tengas temor, porque para esto fuiste llamado, por lo tanto, verás el respaldo del Espíritu Santo. El evangelio de Lucas confirma: "El Espíritu del Señor está sobre mí, Por cuanto me ha ungido para dar buenas nuevas a los pobres; Me ha enviado a sanar a los quebrantados de corazón; a pregonar libertad a los cautivos, Y vista a los ciegos; A poner en libertad a los oprimidos; a predicar el año agradable del Señor." (Lc 4:18-19). El libro de los Hechos relata sobre el ministerio de Jesús: "cómo Dios ungió con el Espíritu Santo y con poder a Jesús de Nazaret, y cómo éste anduvo haciendo bienes y sanando a todos los oprimidos por el diablo, porque Dios estaba con él." (Hch 10:38). Llegó la hora de evidenciar la autoridad y el poder que hemos recibido como hijos de Dios, deshaciendo toda obra de las tinieblas.

Hoy, vas a pasar cerca de gente depresiva y atada por espíritus de muerte; personas enfermas bajo el yugo del cáncer y de diversas enfermedades; y personas que están en prisiones de oscuridad mental y espiritual. Deja que el Espíritu Santo te guíe y verás que hay gente que está lista para recibir sanidad, liberación y un milagro de Dios a través de ti.

Rompe el temor y la vergüenza; atrévete a orar por la vida de las personas; y verás el poder de Dios en acción.

DECLARACIÓN 📢

Padre, en tus manos soy un arma de luz y justicia. Tú me tomas como saeta de salvación para sanar y liberar a tu pueblo. En tu nombre y con la autoridad que tengo como hijo de Dios, me levanto contra toda tiniebla y espíritu de opresión; contra todo espíritu de esclavitud, de dolor y de confusión en mi hogar, en mi célula y en mis discípulos. Ordeno a todo espíritu de engaño abandonar las mentes, a los espíritus de enfermedad salir de los cuerpos y a los demonios de odio y amargura dejar toda alma oprimida.

¡En el nombre de Jesús, Amén!

DEVOCIONAL 📖

Lectura Bíblica para hoy:
Marcos 5, Hechos 4, Hechos 19

Mi Palabra Rhema para hoy es:

_____

_____

Tiempo de oración:
De ___:___hrs a ___:___hrs.

DESAFÍO 21 🎯

El desafío de hoy si decides aceptarlo, es doble. Primero es que hoy harás un ayuno por liberación. Le pedirás a Dios que te use para romper cadenas espirituales. En segundo lugar, le pedirás a Dios que te muestre un hogar que puedas visitar, que en lo posible sea una persona nueva o que no está pasando un buen momento. Romperás toda atadura espiritual que no le permite servir a Dios. Haz todo lo que puedas por ir con alguien, ya que hay mayor efectividad en un equipo de dos. Es importante que le cuentes a tu cobertura del desafío de hoy, para que te dé más directrices y te cubra en oración.

Para subir las fotos y contar el testimonio de tu desafío en redes sociales puedes utilizar el hashtag **#91DíasDeConquista.**

"

Excusas que te Excluyen

"Y todos a una comenzaron a excusarse. El primero dijo: He comprado una hacienda, y necesito ir a verla; te ruego que me excuses."

Lucas 14:18

Dios no llama a los perfectos, pero llama y usa a los que están dispuestos. Las excusas son las mentiras autoimpuestas que usamos para esquivar responsabilidades, eludir obligaciones y rehuir a las demandas que Dios nos está presentando. Las consecuencias de las excusas son las que frenan los avances y te atrasan en los planes de Dios. Sin embargo, lo más terrible es que las excusas te terminan eliminando y Dios escoge a otro que te sustituya. Cuando Dios llamó a Moisés para que libertara a su pueblo de Egipto, él le presentó su excusa perfecta: Tenía problemas para hablar (Ex 3:1-10). Cuando Dios llamó a Jeremías, él se excusó poniendo su edad como la razón justa para no ir (Jer 1:6). Cuando Dios llamó a Gedeón, él se excusó poniendo su situación personal y familiar como obstáculo para no obedecer (Jue 6:15-18). Esto hasta el día de hoy, no ha cambiado. Hoy miles de personas no están cumpliendo el llamado de Dios, por causa de las excusas.

Una de las mujeres más usadas por Dios en milagros a través de la historia ha sido Kathryn Kuhlman. Su ministerio sacudió las naciones. No obstante, ella dijo en una oportunidad: "Yo no fui la primera opción de Dios. Creo que la primera opción de Dios para este ministerio fue un hombre y la segunda opción también lo fue. Mas no hubo hombre que estuviera dispuesto a pagar el precio. Yo fui simplemente tan ingenua que dije: Toma la nada, y úsala. Y desde entonces, Él ha estado haciendo eso".

Muchas veces, Dios nos usa porque hubo alguien antes de nosotros que se excusó y dijo que no al llamado. Nunca pertenezcas a ese grupo de personas, ¡Nunca digas NO al llamado!

El evangelio de Lucas 14:15-24 nos enseña acerca de un señor y un padre de familia que convidó a muchos a un banquete, pero sus invitados se excusaron para no asistir, ni participar. La excusa del primero era su hacienda, pues la había comprado ese día y no podía ir (Lc 14:18). El segundo, tenía que ir a probar los bueyes que había adquirido (Lc 14:19). Y el tercero era una persona recién casada y estaba de luna de miel (Lc 14:20). Lo triste en esta historia, es que los que fueron invitados al banquete no entendieron el privilegio de haber sido la primera opción del Señor. Quizás eran excusas perfectas para ellos, pero no para Dios, ya que Él nunca te llama cuando tú quieres, sino cuando Él decide. La invitación y la oportunidad de estas tres personas, terminaron siendo dadas a otros (Lc 14:21).

Si tú decides decir que no, Dios preparará a otro. Yo sé que a mí, Dios no me escogió porque era especial. Quizá no fui la primera opción, pero yo soy el ciego y el cojo de la historia, que deja todo por la invitación, para ser parte de la empresa más grande del mundo: el Reino de Dios. ¡Hoy detecta y destruye tus excusas!

El apóstol Pablo entendió que el llamado lo pide y lo exige todo. Creo que una de las razones del porqué el ministerio del apóstol Pablo fue tan productivo y de tan alto impacto, es porque lo dio y lo dejó todo por Aquel que lo llamó.

"Pero cuantas cosas eran para mí ganancia, las he estimado como pérdida por amor de Cristo. Y ciertamente, aun estimo todas las cosas como pérdida por la excelencia del conocimiento de Cristo Jesús, mi Señor, por amor del cual lo he perdido todo, y lo tengo por basura, para ganar a Cristo […] prosigo a la meta, al premio del supremo llamamiento de Dios en Cristo Jesús." (Fil 3:7-8; 14).

DECLARACIÓN 📢

Padre, Tú eres mi Luz y mi salvación. En este día renuncio a toda excusa mentirosa. Todo pretexto escondido en mí es forzado a salir a la luz. Declaro que no quedaré fuera de tu propósito. Soy prisionero del llamado. Nada ni nadie va primero que Tú y tu Reino en mi vida. Confieso que mi propósito y mi llamado no son una opción, sino que son mi impuesta necesidad. Sin ti y sin tu llamado no puedo vivir, no puedo respirar y no puedo ser feliz. Estoy atado de por vida al llamado eterno.

¡En el nombre de Jesús, Amén!

DEVOCIONAL 📖

Lectura Bíblica para hoy:
Éxodo 3, Jueces 6, Lucas 14

Mi Palabra Rhema para hoy es:

_____

_____

Tiempo de oración:
De ___:___hrs a ___:___hrs.

DESAFÍO 22 🎯

El desafío de hoy si decides aceptarlo, es hacer una lista de 5-10 personas que Dios ponga en tu corazón, especialmente a quienes no has visto últimamente, y llamarlas. El propósito es que les compartas una palabra de Dios, y que después ores por ellas. Luego, hazles repetir una oración contigo. Finalmente, les invitarás a la célula y al servicio del domingo.

Para subir las fotos y contar el testimonio de tu desafío en redes sociales puedes utilizar el hashtag **#91DíasDeConquista.**

DISCIPULADO 23

"

Liderazgo Productivo

"Sin embargo, lo que ahora soy, todo se debe a que Dios derramó su favor especial sobre mí, y no sin resultados. Pues he trabajado mucho más que cualquiera de los otros apóstoles; pero no fui yo sino Dios quien obraba a través de mí por su gracia." 1 Corintios 15:10 NTV

Si Dios está contigo, ¡Entonces trabaja! No conozco a ningún haragán u ocioso en la Biblia a quien Dios le haya dicho: "Yo estoy contigo". Si no vas a hacer nada, no necesitas a Dios. Debemos tener mentalidad de líder, pero con un corazón de obrero productivo. Cuando Adán fue creado, recibió la responsabilidad de labrar y cuidar el huerto (Gn 2:15). Además se le impartió un mandato de producir y multiplicarse (Gn 1:28).

Jesús era productivo: "...Mi Padre hasta ahora trabaja, y yo trabajo." (Jn 5:17). Jesús atacó todo lo que no le permitía terminar sus tareas, y aún cuando le dijeron que Herodes lo quería matar, Él replicó: "...Id, y decid a aquella zorra: He aquí, echo fuera demonios y hago curaciones hoy y mañana, y al tercer día termino mi obra." (Lc 13:32). Juan Wesley dijo en una ocasión: "Haz todo el bien que puedas por todos los medios que puedas, de todas las maneras que puedas, en todos los lugares que puedas, en cualquier tiempo que puedas, a toda la gente que puedas, y tanto como tú puedas".

Algunos no dan fruto en las tareas del reino, porque ante la primera crisis dejan la labor del reino. En otra ocasión, el pionero John Wesley, también dijo: "Oh Señor, que no vivamos para ser inútiles". Tenemos que ser líderes que amamos el trabajo que desempeñamos para el reino de Dios. En el ministerio, trabajar nunca es una meta en sí, sino que trabajamos porque conocemos el precio de la sangre derramada en la cruz. A través del trabajo y del servicio demostramos nuestra gratitud y amor a Dios.

Jesús hablando del valor de producir puntualizó: "La gloria de mi Padre se manifiesta en que produzcáis fruto en abundancia..." (Jn 15:8 BLP).

A Dios le gusta el progreso, la producción y el fruto. El apóstol Pablo trabajaba incansablemente por la visión del reino y afirmó que la obra del ministerio es un trabajo y una lucha continua (Col 1:29). Incluso, escribiendo a los Corintios, les manifiesta: "Sin embargo, lo que ahora soy, todo se debe a que Dios derramó su favor especial sobre mí, y no sin resultados. Pues he trabajado mucho más que cualquiera de los otros apóstoles; pero no fui yo sino Dios quien obraba a través de mí por su gracia." (1 Co 15:10 NTV).

Me he encontrado con personas que creen que la fe es solo un descansar en Dios y esperar que Él haga algo. Yo siempre les digo que Él ya hizo lo máximo y lo imposible por nosotros. Murió, resucitó y nos dio de su mismo Espíritu, para que ahora hagamos algo por su reino. Nuestra fe se debe manifestar en nuestro trabajo y en un compromiso incondicional por el reino de Dios.

Hay áreas en el llamado que no te resultan, no porque Dios no esté contigo, sino por causa de la pereza. El rey Salomón afirma: "En la casa del perezoso pasan muchas desgracias: primero se cae el techo, y después toda la casa." (Ec 10:18 TLA).

Hay personas que sin Dios alcanzan alguna medida de "éxito" en lo que hacen, porque respetan leyes y principios de esfuerzo, metas y sacrificio por un proyecto. Así como se espera que produzcas en tu trabajo y escuela, de la misma manera debemos producir diariamente en la visión de Dios. El apóstol Pablo motiva a Timoteo: "que anuncies el mensaje e insistas en todo momento, oportuno o no…" (2 Tim 4:2 PDT).

DECLARACIÓN 📢

Gracias Dios, porque tengo una genética productiva. Tengo un ADN multiplicador. Declaro que mi descanso es hacer tu obra. Vivir para tu propósito es mi gloria, mi felicidad y mi reposo. Soy árbol plantado, soy árbol sobrenatural y daré fruto en el invierno. Cuando todo esté seco y árido produciré fruto de honra a tu nombre. Tengo un mandato divino en mi espíritu, por eso, fructificaré, me multiplicaré, llenaré la tierra y la dominaré. ¡En el nombre de Jesús, Amén!

DEVOCIONAL 📖

Lectura Bíblica para hoy:
Juan 15, 1 Corintios 15, 2 Crónicas 15

Mi Palabra Rhema para hoy es:

_____

_____

Tiempo de oración:
De ___:___hrs a ___:___hrs.

DESAFÍO 23 ◎

El desafío de hoy si decides aceptarlo, es doble. Primero debes escribir y ordenar los nombres y números de teléfonos de todas las personas que has ganado para Jesús en una carpeta. En segundo lugar, mañana te levantarás a las 04:00 de la mañana para interceder por cada persona que tienes en la carpeta. ¿Por qué a las 04:00 de la mañana? Porque hay cosas que se sueltan del cielo únicamente en la madrugada. Un líder multiplicador debe ser un administrador ordenado y un obrero de oración.

Para subir las fotos y contar el testimonio de tu desafío en redes sociales puedes utilizar el hashtag **#91DíasDeConquista.**

SEMANA 4
LA FÉ

"
Operando en la Fe de Dios

"Respondiendo Jesús, les dijo: Tened fe en Dios." Marcos 11:22

Si quieres atraer el interés de la gente, llora; pero si quieres atrapar la atención del cielo, créele a Dios. La duda le causa dolor a Dios, pero la fe lo atrae. La palabra fe en griego es *pistis*, que significa: "creer, fidelidad o confianza". Jesús dijo en Marcos 11:22: "Tened fe en Dios". No obstante, es interesante que el idioma original del nuevo testamento, el griego, dice: *Éjete pístin theú*, que significa literalmente: "tener la misma fe de Dios" o "poseer la clase de fe de Dios". Esto es mucho más que un reto a solo tener fe en Dios. Jesús nos está desafiando a creer como Dios cree y a movernos en la misma fe en la que Dios opera.

San Agustín de Hipona dijo: "Fe es creer en lo que no se ve; y la recompensa es ver lo que uno cree". La fe pareciera ser dos simples letras, sin embargo, es más agresiva y violenta que el ataque más feroz que el enemigo pueda realizar contra ti.

Hemos recibido una fe triunfante. El apóstol Juan afirma: "Porque todo lo que es nacido de Dios vence al mundo; y esta es la victoria que ha vencido al mundo, nuestra fe." (1 Jn 5:4) Dios no nos llamó a una vida de sobrevivencia, sino de victoria, lo cual requerirá de una actitud diferente y agresiva, especialmente en medio de la oposición. La Palabra de Dios afirma: "…el reino de los cielos sufre violencia, y los violentos lo arrebatan." (Mt 11:12).

La palabra violento, es la palabra griega *biastes*, que implica, ser esforzado en vientos contrarios, arriesgado y valiente en lo más arduo de la batalla. Incluso, es interesante notar que la palabra "arrebatar" es en griego, *arpazo* que significa recuperar lo que te fue quitado; tomar algo por la fuerza; o agarrar algo con suma firmeza. Por tal razón, la Biblia le llama a Abraham, el padre de la fe, porque creyó y arrebató las promesas, no por medio de sentimentalismos o de emociones, sino a través de la fe.

La Palabra declara referente al patriarca: "Esperando incluso cuando parecía cerrado el camino a la esperanza, creyó Abrahán…" (Rom 4:18 BLP). Cuando no vio lo prometido, se levantó para batallar el desánimo y la frustración con una fe intensa; creyendo y confesando las promesas con una plena convicción.

Cuando un líder desea ver un rompimiento espiritual y una multiplicación ministerial, debe saber que esto no se logra llorando, ni lamentándose, sino estando dispuesto a confesar y a creer lo que Dios le ha prometido, aún en los momentos más críticos.

Si quieres atraer la atención de la gente, llora, pero si quieres atrapar el favor de Dios, cree en Él, confía en su promesa y confiesa su Palabra. El predicador y maestro chino, Watchman Nee expresó: "Dios no responde las oraciones de su pueblo quitando las presiones, sino aumentando la capacidad de soportarlas y vencer los desafíos". Las proezas llevadas acabo por los diferentes héroes de la fe en Hebreos 11, fueron hazañas heroicas que enfrentaron en los momentos más críticos, y a pesar de todo avanzaron, conquistaron y triunfaron. El autor de los Hebreos lo expone de la siguiente forma: "Por la fe esas personas conquistaron reinos, gobernaron con justicia y recibieron lo que Dios les había prometido. Cerraron bocas de leones, apagaron llamas de fuego y escaparon de morir a filo de espada. Su debilidad se convirtió en fortaleza. Llegaron a ser poderosos en batalla e hicieron huir a ejércitos enteros." (Heb 11:33-34 NTV).

¡Hoy viene sobre ti una poderosa impartición de la fe divina!

DECLARACIÓN 📣

Padre, en este día se abre mi espíritu para recibir la fe que viene por la Palabra. Todo miedo que me ha dominado es quebrantado. Confronto toda inseguridad que me ha cerrado las puertas de oportunidades divinas. La Palabra de Dios me gobierna, y el Espíritu de Dios me guía. No me moveré por mis emociones, sino por la fe. No soy víctima, contigo soy más que vencedor. Tengo la fe de Dios que vence al mundo.

¡En el nombre de Jesús, Amén!

DEVOCIONAL 📖

Lectura Bíblica para hoy:
Mateo 11, Hebreos 11, Deuteronomio 11

Mi Palabra Rhema para hoy es:

_____

_____

Tiempo de oración:
De ___:___hrs a ___:___hrs.

DESAFÍO 24 🎯

El desafío de hoy si decides aceptarlo, es doble. Lo primero, es escribir tres sueños: Uno a nivel personal, otro a nivel familiar y un tercero a nivel ministerial. Escríbelo y ponlo en un cuadro que no pueda ser borrado y que te mantenga enfocado. Lo segundo, es dibujar un sueño y verás cómo Dios lo hará realidad, pues hay poder en una imagen. Finalmente, irás a tu pastor o a tu líder y le entregarás una copia y le pedirás que ore por estos sueños y proyectos que Dios ha puesto en tu corazón. Para subir las fotos y contar el testimonio de tu desafío en redes sociales puedes utilizar el hashtag **#91DíasDeConquista**.

—————— **"** ——————

Viendo lo Invisible

"Por fe, Moisés se fue de la tierra de Egipto, sin miedo al enojo del rey; y se mantuvo firme en su propósito, como si viera al Dios invisible."
Hebreos 11:27 DHH94I

Fe es ver y ver es poseer. A través de la fe, podemos palpar lo invisible y lo eterno de Dios. La fe hace que lo invisible de Dios sea más real que el mundo natural. El autor de los Hebreos enseña concerniente el poder de la fe: "Ahora bien, fe es la realidad de lo que esperamos. Es la prueba palpable de lo que no podemos ver." (Heb 11:1 PDT). Otra versión dice, en la misma cita: "Confiar en Dios es estar totalmente seguro de que uno va a recibir lo que espera. Es estar convencido de que algo existe, aun cuando no se pueda ver." (TLA). La fe de Dios es un elemento tan extraordinario que te permite tocar, oler y gustar lo que Él te ha prometido y que todavía no se ha manifestado.

Tu mente no sabe diferenciar entre la realidad o la ficción. De hecho, toda imagen que decidas proyectar, la creerás; así sea una tragedia o un triunfo, esterilidad o multiplicación. Tu fe será alimentada por la Palabra de Dios y por toda imagen que ella genere en tu mente y en tu corazón.

El evangelista inglés, Smith Wigglesworth, apodado "el apóstol de la fe", decía: "No me mueve lo que veo o lo que oigo; me mueve lo que creo". Esta es una verdad que nos debe regir. El apóstol Pablo declaró: "Vivimos por fe, no por vista." (2 Co 5:7 NBD).

La fe no es para el día que una promesa se cumpla, sino para aquellos días donde todo lo que Dios prometió, parece que se aleja de nosotros. Todos tenemos una imagen o una visión que controla nuestras vidas. ¡Prepárate! Hoy Dios va a construir una poderosa imagen en tu espíritu concerniente a tu futuro.

¡Es necesario ver para creer! Quizá piensas que estoy contradiciendo a Jesús, cuando confrontó a Tomás por su incredulidad y le dijo: "...bienaventurados los que no vieron y creyeron." (Jn 20:29). Pero recuerda que cuando Dios iba a prometer a Abraham una descendencia como las estrellas del cielo, lo sacó fuera y le mostró el firmamento. Mientras Abraham miraba y trataba de contar las estrellas, dice la Escritura: "...creyó Abraham a Dios, y le fue contado por justicia." (Rom 4:3 LBLA). Es importante notar que es Abraham quien primero le dice a Dios: "Mira" (Gn 15:3). Luego Dios le responde: "Mira ahora los cielos, y cuenta las estrellas…" (Gn 15:5). Lo que Dios le dice al patriarca con otras palabras es: "Yo no voy a bajar a mirar tu condición, más bien tú te vas a tener que elevar a mi visión".

Cuando hablo de la imagen que crea la fe, me refiero a una visión espiritual que nace en el corazón, y a una imagen que es plasmada en el espíritu. Cuando el patriarca contemplaba y contaba las estrellas, se activó una fe en su espíritu como nunca había experimentado antes. La visión de las estrellas marcó el espíritu de Abraham. Hasta ese momento, se había lamentado y quejado de no tener un hijo, y ahora la fe de Dios lo estaba llevando a soñar con millones de hijos. Es justamente esta clase de fe la que nos lleva a ver lo invisible y nos habilita para poseer lo imposible.

Por tal razón, es importante que como líderes podamos dedicar tiempo delante de Dios para leer y oír su Palabra. Ella es la fuente de toda visión, sueño o imagen, que activará algo en tu espíritu. Necesitamos visiones de fe, donde podamos ver nuestra célula o grupo familiar, y tu iglesia llena de personas. Dios no entrega una ciudad, sin primero darnos una Palabra; no nos da primero una generación, sino una visión.

DECLARACIÓN 📢

Padre, gracias porque me has dado tu visión. He nacido bajo la fe que puede ver lo invisible. Poseo una fe para hacer lo imposible. Me moveré en la fe de Dios y no por mis sentidos. Hoy confieso que mi vista natural no determina lo que creo. Se abren mis ojos espirituales para ver lo que Dios me ha prometido. ¡En el nombre de Jesús, Amén!

DEVOCIONAL 📖

Lectura Bíblica para hoy:
Juan 20, Génesis 15, Génesis 17

Mi Palabra Rhema para hoy es:

_____

_____

Tiempo de oración:
De ___:___hrs a ___:___hrs.

DESAFÍO 25 🎯

El desafío de hoy si decides aceptarlo, es oír el tema: "Operando en la fe de Dios" ministrado en IMC Estocolmo, Suecia. Lo encontrarás en mi canal de YouTube en el enlace: https://www.youtube.com/watch?v=K9h1g34AA_o

Te motivo a que lo puedas compartir para fortalecer la fe de Dios en la vida de otros.

Para subir las fotos y contar el testimonio de tu desafío en redes sociales puedes utilizar el hashtag **#91DíasDeConquista.**

DISCIPULADO 26

"

Los Desafíos de Fe

"No hubo ciudad que hiciese paz con los hijos de Israel, salvo los heveos que moraban en Gabaón; todo lo tomaron en guerra." Josué 11:19

Los problemas son crisis imprevistas que llegan sin haberlas planificado, mientras que los desafíos son problemas de fe que Dios nos tiene agendados. Los desafíos son claves para mantener una fe creciente. Un discípulo nunca debe perder su hambre por nuevos y mayores desafíos de fe. El apóstol Pablo decía: "Y no me hago la ilusión, hermanos, de haberlo ya conseguido; pero eso sí, olvido lo que he dejado atrás y me lanzo hacia adelante" (Fil 3:13 BLPH). Creo que un seguidor, al estar frente a un reto, primeramente tratará de ver qué y cuánto tiene, para hacer realidad aquel desafío, pero no así un líder de reino, quien puede volver una situación adversa a su favor, y una crisis en una oportunidad. Esta es la diferencia que le hace sobresalir.

Un desafío es un campo desconocido que estirará tu fe, y te llevará a arriesgar lo que tienes para lograr un mayor fruto ministerial. El Dr. James Dobson dijo: "Uno podría llegar a la conclusión de que la mejor manera de acabar con la iglesia, o debilitarla, es quitar de su camino todos los desafíos". La comodidad es uno de los grandes enemigos de un líder de reino, por esto debemos cuidarnos del espíritu sedentario y la obsesión insana por este. El evangelista Billy Graham dijo: "La comodidad y la prosperidad nunca han enriquecido tanto al mundo como la adversidad".

Cuando el pueblo de Israel iba a tomar la tierra prometida, Moisés envió a doce espías para reconocerla. Al volver, estuvieron de acuerdo que era muy buena. Sin embargo, sabemos que diez de estos espías no solo miraron el fruto de la tierra, sino también a los gigantes que la habitaban. Finalmente, terminaron maldiciendo e infectando al pueblo con su incredulidad: "Y hablaron mal entre los hijos de Israel, de la tierra que habían reconocido [...] También vimos allí gigantes, hijos de Anac, raza de los gigantes, y éramos nosotros, a nuestro parecer, como langostas; y así les parecíamos a ellos." (Nm 13:32-33).

Caleb, uno de los doce, se levantó en la congregación para tratar de revertir este espíritu negativo y pesimista que se había soltado: "Entonces Caleb hizo callar al pueblo delante de Moisés, y dijo: Subamos luego, y tomemos posesión de ella; porque más podremos nosotros que ellos." (Nm 13:30).

Esta es una de las marcas que diferencian a un líder de un seguidor. Los seguidores, no importando lo bueno que hayan visto, poseen una perspectiva pesimista; dejan que lo negativo hable más fuerte que las cosas buenas; y aún más fuerte que la voz de Dios.

La consecuencia de esta actitud fue el desánimo y el dolor en el campamento.

Todo discípulo de reino debe saber que un desafío siempre será una guerra de fe antes, durante y después. Además debe saber que no siempre se logra o se alcanzan las metas y las expectativas. No obstante, como líder, no puedes quedar resentido contigo mismo, ni con tu equipo, ni con Dios. Un líder de fe es un líder que no deja de intentar y no deja de creer por más.

La gente que se mueve en lo natural vive en niveles de suma, mientras que los líderes de fe habitan en dimensiones de multiplicación. Nunca permitas que el consenso popular o la presión del grupo alteren o manipulen tu fe y tu convicción. Cuando Dios ha prometido hacer algo, no habrá gigante que podrá impedirlo.

DECLARACIÓN 📢

Padre, hoy se activa una fe mayor para alcanzar y conquistar desafíos. ¡No temeré a los gigantes! ¡No tendré miedo a lo nuevo! ¡Los desafíos no me atemorizarán! Confío en tu respaldo y en que tu poder se manifestará. Ninguna situación me moverá porque tengo mi confianza en ti. ¡No seré avergonzado! La fe atrae tu favor sobrenatural. En ti haremos proezas.

¡En el nombre de Jesús, Amén!

DEVOCIONAL 📖

Lectura Bíblica para hoy:
Josué 6, Josué 7, Josué 11

Mi Palabra Rhema para hoy es:

_____

_____

Tiempo de oración:
De ___:___hrs a ___:___hrs

DESAFÍO 26 🎯

El desafío de hoy si decides aceptarlo, es comenzar a planificar un evento evangelístico, que debes realizar dentro de los próximos 30 días. Arrendarás un local y organizarás algo único y diferente para testificar de Cristo a todas las familias que asistan. En última instancia, si no encuentras un local, hazlo en tu hogar. Hoy concreta la fecha y el horario. Sueña y pide al Espíritu Santo que te dé ideas para realizar algo que exalte a Cristo en tu comunidad. Presenta tu proyecto a los pastores o a alguien a quien ellos asignen, y pídeles que oren por ti, y que te supervisen. También puedes pedir ayuda a 2-3 personas para para organizar este evento. Para subir las fotos y contar el testimonio de tu desafío en redes sociales puedes utilizar el hashtag **#91DíasDeConquista.**

"
La Fe, el Idioma del Cielo

"Pero como tenemos aquel espíritu de fe del que dice la Escritura: Creí y por eso hablé, también nosotros creemos y, en consecuencia, hablamos."
2 Corintios 4:13 BLPH

Con tu corazón crees, pero con tu boca creas. Dios habla fe y el diablo habla duda. La fe nunca ha sido muda, ella habla. Cuando hablas lo que crees, presionas el gatillo disparador de milagros. Lo que Dios más hace en la Biblia es hablar y siempre que habla crea, cambia y transforma. La fe jamás ha sido un sentimiento, sino que es el lenguaje de Dios.

Con tu boca puedes crear climas de bendición o de crisis; puedes producir ambientes de favor o de rechazo. No permitas que tu visión natural determine tu lenguaje, sino que atrévete a confesar y a declarar en fe, a pesar de que aún no tengas lo que quieres.

El profeta Habacuc prorrumpe diciendo: "Aunque la higuera no florezca, ni en las vides haya frutos, aunque falte el producto del olivo, Y los labrados no den mantenimiento, Y las ovejas sean quitadas de la majada, Y no haya vacas en los corrales; Con todo, yo me alegraré en Jehová, y me gozaré en el Dios de mi salvación. Jehová el Señor es mi fortaleza, El cual hace mis pies como de ciervas, y en mis alturas me hace andar..." (Hab 3:17-19).

Tu reacción y lo que confiesas bajo presión, revela lo que hay en tu corazón. El evangelista Smith Wigglesworth, dijo: "Dios no tiene favoritos; el trabaja a través de quienes creen en Él". Pienso que hay una reacción en la creación y un estremecimiento en el mundo espiritual cada vez que alguien tiene el atrevimiento de declarar con fe: "Decido creer. Para mi Dios, no hay nada imposible". El Señor no reacciona ante aquello que sientes, pero sí responde a aquello que te atreves a creer y a confesar. Puede que suene duro y poco compasivo, pero Dios no responde a lágrimas, sino a la fe. El libro del profeta Daniel declara: "La sentencia fue por decreto de los vigilantes, y la decisión por la palabra de los santos..." (Dn 4:17 RVA15).

Tienes que tener mucho cuidado, ya que el cielo está atento a todo lo que decimos. De hecho, todo lo que confiesas en tu vida diaria se vuelve en decretos que te cierran o te abren portones de favor y de gloria. Tus palabras tienen el poder de bendecir o infectar el ambiente de un equipo, de una familia o de un ministerio. No siempre será fácil controlar los sentimientos negativos que asaltan nuestra alma, pero sí podemos pensar y discernir muy bien antes de hablar y confesar algo. Daremos cuenta ante Dios por cada palabra que no edifica. Jesús afirmó: "Y yo les digo que en el día del juicio todos tendrán que dar cuenta de cualquier palabra inútil que hayan pronunciado." (Mt 12:36 DHH). He comprobado que toda persona que puede hablar fe en los momentos de presión, tiene inmediatamente un mayor estiramiento y un aumento de su fe. Y cuando alguien agrada al Señor, Él respalda cada palabra que sale de la boca de un hombre y de una mujer de Dios (1 Sa 3:19).

Hoy quiero desafiarte a que tomes tiempo para soñar y para creerle a Dios por cosas mayores, y ante todo a hablar el idioma de Dios, que es la fe. Recuerda que Dios nos da solo lo que vemos en el espíritu y lo que nos atrevemos a confesar por fe. Además, Dios le dijo al profeta Habacuc que no solo profetizara, sino que también escribiera la visión que recibiría. Esto es muy poderoso, ya que cuando crees en tu corazón, hablas con tu boca y escribes lo que quieres ver, tu fe se termina consolidando y fortaleciendo de forma sobrenatural.

DECLARACIÓN 📢

Padre, en este día me arrepiento de toda palabra negativa que ha salido de mi boca. Hoy enfoco mi mente, corrijo mis sentimientos y alineo mi boca para hablar tu Palabra. Para ti no hay desafío demasiado grande, ni meta demasiada difícil. Todo lo tengo y lo puedo en Cristo que ya me ha dado la sabiduría y el poder para vencer.

¡En el nombre de Jesús, Amén!

DEVOCIONAL 📖

Lectura Bíblica para hoy:
Habacuc 3, Números 13, Números 14

Mi Palabra Rhema para hoy es:

_____

_____

Tiempo de oración:
De ___:___hrs a ___:___hrs.

DESAFÍO 27 🎯

El desafío de hoy si decides aceptarlo, es ganar a alguien con quien nunca has tenido contacto. Deberás pedir ayuda al Espíritu Santo, para que te muestre el rostro de alguien que necesita ser salvo. En algún momento del día, irás a un centro comercial, a una estación de tren, a un supermercado, etc. y te dejarás guiar por el Espíritu Santo para que hable a través de tu vida. Predicarás y harás la oración de fe con una persona, como mínimo.

Para subir las fotos y contar el testimonio de tu desafío en redes sociales puedes utilizar el hashtag **#91DíasDeConquista.**

"
Sueños que Ensanchan

"Ensancha el sitio de tu tienda, y las cortinas de tus habitaciones sean
extendidas; no seas escasa; alarga tus cuerdas, y refuerza tus estacas."
Isaías 54:2

Los que no sueñan mueren esclavos de sus limitaciones, mientras que los soñadores
de fe acaban sus días gobernando la tierra. No soñar es vivir una pesadilla. Quizá
no podamos controlar lo que soñamos de noche, pero sí somos responsables por
todo lo que decidimos imaginar y enfocarnos durante el día. Todo lo que decides
imaginar y visualizar te limita o te ensancha. El mandato divino es claro: "…
despliega las cortinas de tu morada. ¡No te limites!" (Is 54:2 NBD).

Tu imaginación es tu punto de ignición que enciende la pasión en tu vida. Solo te
mantendrás entusiasmado por aquello en lo que vives soñando. Los sueños son
el lugar donde podemos imaginar lo extraordinario. Lo maravilloso, es que cada
sueño tiene un efecto inmediato que estira y rompe límites en tu corazón para
creerle a Dios por cosas mayores. De lo contrario, el resultado de las personas
que no sueñan es una mente tan estrecha, que cuando Dios planta una idea, ellos
mismos se encargan de matarla.

Las mentes pequeñas son las que se dedican a hablar mal, persiguiendo a la gente
con sueños grandes. Esto es exactamente lo que pasó con los hermanos de José,
que oyendo los sueños de su hermano se transformaron en sus enemigos. "Y José
tuvo un sueño y cuando lo contó a sus hermanos, ellos lo odiaron aún más […]
Aquí viene el soñador. Ahora pues, vengan, matémoslo y arrojémoslo a uno de
los pozos…" (Gn 37:5, 19-20 LBLA). Los hermanos de José, por no poseer un
sueño propio, terminaron como esclavos de sus limitaciones e inseguridades,
persiguiendo al soñador que les incomodaba y al sueño que les amenazaba.

José, el hombre del sueño, terminó sus días firme en el propósito y gobernando
la tierra, porque cuidó ese sueño, esperó el día en que se manifestara, y aunque
quiso rendirse en muchas ocasiones, no permitió que nada borrara la imagen que
Dios había plasmado en él. "Hasta que llegó el momento de cumplir sus sueños, el
Señor puso a prueba el carácter de José." (Sal 105:19 NTV). Luego de la prueba,
vino la manifestación a través del Faraón: "Tú estarás sobre mi casa, y por tu

palabra se gobernará todo mi pueblo; solamente en el trono seré yo mayor que tú. Dijo además Faraón a José: He aquí yo te he puesto sobre toda la tierra de Egipto. Entonces Faraón quitó su anillo de su mano, y lo puso en la mano de José, y lo hizo vestir de ropas de lino finísimo, y puso un collar de oro en su cuello; y lo hizo subir en su segundo carro, y pregonaron delante de él: ¡Doblad la rodilla!; y lo puso sobre toda la tierra de Egipto" (Gn 41:40-43).

Lo glorioso de Dios, es que tiene el poder de sorprendernos, sobrepasando todos los sueños de reino que Él nos ha dado. ¡No te olvides de soñar!, porque ver es poseer. La persona más pobre del mundo no es la que no tiene pan, agua o ropa para vestirse, sino es aquella que no tiene un sueño por el cual vivir. No importa cuán grande sea tu visión, Dios tiene todos los recursos para hacer realidad todos Sus sueños contigo.

DECLARACIÓN 📢

Padre, en este día mi espíritu se abre a tus sueños. No recordaré el dolor de ayer. Renuncio a caminar en amargura, en estrechez y en pobreza en mi mente. Quebranto todo paradigma de limitaciones mentales. Rompo todo pensamiento de mediocridad, de duda y de intimidación. Recibo los sueños del Espíritu Santo. Abro las cortinas de mi entendimiento. Extiendo las cuerdas de mi mente. Hoy recibo ideas que nunca había tenido. Comienzo a soñar con proezas en Dios. ¡En el nombre de Jesús, Amén!

DEVOCIONAL 📖

Lectura Bíblica para hoy:
Génesis 1, Salmo 126, Isaías 54

Mi Palabra Rhema para hoy es:

_____

_____

Tiempo de oración:
De ___:___hrs a ___:___hrs.

DESAFÍO 28 🎯

El desafío de hoy si decides aceptarlo, es que tomarás contacto con la persona que ganaste ayer, urgentemente. Es importante que puedas establecer una relación con él o ella, y que hoy le puedas visitar en su casa. No te vayas a dormir sin haberle visitado. ¡Es urgente cuidarlo!
Para subir las fotos y contar el testimonio de tu desafío en redes sociales puedes utilizar el hashtag **#91DíasDeConquista.**

"

Fe que Activa el Poder de Dios

"Al oírlo Jesús, se maravilló, y dijo a los que le seguían: De cierto os digo, que ni aun en Israel he hallado tanta fe." Mateo 8:10

Lo sobrenatural es lo normal para Dios. Para nosotros el milagro es algo sobrenatural que acontece, pero para Dios el milagro es encontrar a alguien que le crea. Como el centurión romano que, con su fe dejó maravillado a Jesús. No todos los días puedes leer que el Creador de los cielos, de la tierra y del universo hace una pausa, porque está admirado por la fe de un hombre.

La fe del centurión, era una fe como la que no había visto en ninguna parte. Era tan atrevida frente al problema, y a la vez tan sumisa a la instrucción de Dios, que ni en sus doce discípulos, ni en los sacerdotes del templo en Jerusalén, la había hallado.

La Biblia está llena de personas que marcaron y cambiaron la historia; quienes a pesar de tener todo en su contra, se atrevieron a creer por proezas. Por lo tanto, Dios les respaldó con favor inusual. ¡Dios se mueve con los que le creen!

Debemos entender que la necesidad nunca ha movido la mano de Dios. Si así fuera, no existiría el dolor en el mundo. En efecto, lo que sí mueve a Dios es la fe. ¿Alguna vez te has hecho preguntas como estas?: ¿A qué se debe que no veo la manifestación del poder de Dios? ¿Por qué Dios a mí no me usa como lo hace con otras personas? ¿Porqué no siento la unción de Dios como antes? ¿Qué estoy haciendo mal?

El ingrediente clave, siempre será la fe. Esta afirmación no es algo místico, sino que es la obediencia de todo corazón a una Palabra de Dios; es el atrevimiento de hacer algo inusual que muchas veces va en contra de la razón humana; son pequeños pasos inciertos, que no siempre los entenderemos, pero nos llevarán a un puerto seguro. Martin Luther King dijo en una ocasión: "La fe es dar el primer paso, incluso cuando no ves la escalera entera".

La fe es aquello que rompe los esquemas rutinarios, como cuando Pedro se atreve a caminar sobre las aguas (Mt 14:22-33). La pregunta no es si lo entiendes, más bien, si lo crees. Y si lo crees, confiésalo y decláralo; como cuando el centurión romano dijo a Jesús que solo dijera la palabra y el siervo sanaría (Mt 8:8).

La fe se manifiesta con acciones de alto riesgo; como el caso de la mujer que padecía de flujo de sangre, y quien sabía que por ley no debía tocar a Jesús, sin embargo arriesgando su vida, se atrevió a creer por un milagro (Mr 5:25-27).

Como discípulo, debes aprender a arriesgarte a creerle a Dios por un respaldo sobrenatural. No conozco a ningún líder que no desee ver milagros. Todos quieren ser protagonistas al ser usados por Dios, pero hay que ir y hacer. Sentado en tu casa no funciona, tienes que ir adonde está el dolor y la necesidad. La Palabra aclara: "Y estas señales seguirán a los que creen: En mi nombre echarán fuera demonios; hablarán nuevas lenguas; tomarán en las manos serpientes, y si bebieren cosa mortífera, no les hará daño; sobre los enfermos pondrán sus manos, y sanarán." (Mr 16:17-18).

Ha llegado la hora de creer que lo sobrenatural no tiene que suceder necesariamente en un culto, sino que Dios también lo puede hacer en tu escuela, en tu trabajo o dondequiera que vayas. Permite que el Espíritu Santo te guíe, y atrévete a hacer lo que Él te pide. ¡Hoy el poder de Dios se activa de forma poderosa a tu favor!

DECLARACIÓN 📢

Padre, hoy comienza un tiempo de mayores niveles de fe, para ver mayor gloria en mi vida. No dependo de las emociones del momento. Me alineo a la perspectiva del Espíritu que me ha sentado en lugares celestiales juntamente con Cristo Jesús (Ef 2:6). Creo que veré tu poder en mi generación; confieso que los planes que tienes acerca de mí no son de dolor, ni de derrota, sino de gloria, de poder y de unción.

¡En el nombre de Jesús, Amén!

DEVOCIONAL 📖

Lectura Bíblica para hoy:
Mateo 5, Mateo 8, Mateo 14

Mi Palabra Rhema para hoy es:

_____

_____

Tiempo de oración:
De ___:___hrs a ___:___hrs.

DESAFÍO 29 🎯

El desafío de hoy si decides aceptarlo, es que junto a un hermano o hermana, puedas ir a un hospital, una cárcel o un hogar donde alguien esté enfermo o pasando una crisis. Y así puedan orar y manifestar la sanidad y el poder de Dios a una persona. Pídele al Espíritu Santo que te abra puertas, y a tu líder o a tu pastor que te ayuden, cubriendo tu vida en oración.

Para subir las fotos y contar el testimonio de tu desafío en redes sociales puedes utilizar el hashtag **#91DíasDeConquista.**

"
Una Fe Probada y Aprobada

"para que sometida a prueba vuestra fe, mucho más preciosa que el oro, el cual aunque perecedero se prueba con fuego, sea hallada en alabanza, gloria y honra cuando sea manifestado Jesucristo" 1 Pedro 1:7

La prueba en sí, no es lo que viene contra ti, sino la reacción que ocurre dentro de ti. Aunque las pruebas son incómodas, también son pasajeras, y de un material necesario que produce fruto de eternidad. El apóstol Pablo enseña: "Pues nuestras dificultades actuales son pequeñas y no durarán mucho tiempo. Sin embargo, ¡nos producen una gloria que durará para siempre y que es de mucho más peso que las dificultades!" (2 Co 4:17 NTV).

¿Cómo respondes a Dios cuando te pone bajo presión? ¿Cuáles son tus primeras palabras cuando una crisis te visita de forma sorpresiva? Una prueba que te da tiempo para prepararte, no es una prueba legítima. La verdadera es la que te toma por sorpresa.

La vida está llena de situaciones imprevistas, que probarán tu fe sin ningún previo aviso. Cuando Satanás te tienta, pareciera ser una prueba, pero la tentación tiene un objetivo diferente al de la prueba, y es tu destrucción. Dios nunca tienta, pero sí prueba, y cuando lo hace, su propósito siempre es exaltar y promover a aquellos que se mantienen firmes. La Biblia dice de Job, que después de su prueba "...el Señor lo hizo prosperar de nuevo y le dio dos veces más de lo que antes tenía." (Job 42:10 NBD).

Una fe que soporta el fuego es una fe preciosa, porque pasó la prueba. Mientras que una fe que no soporta y se vuelve atrás es una fe reprobada, es decir, ha sido desaprobada y descalificada para lo que Dios tenía por delante. El autor de la carta a los Hebreos dice: "Mas el justo vivirá por fe; Y si retrocediere, no agradará a mi alma. Pero nosotros no somos de los que retroceden para perdición, sino de los que tienen fe para preservación del alma." (Heb 10:38-39).

¿Por qué Dios permite que cosas malas acontezcan a gente buena? Esta es la pregunta que resuena en la mente de miles de personas, especialmente cuando comienzan a pasar tiempos de crisis y de pruebas intensas. ¿Por qué gente mala y que aborrece a Dios, no pasa por esto, y yo que sirvo a Dios, tengo que experimentar este dolor? Los tratos de Dios son personales y no sé si los entenderemos jamás, sin embargo aquí te dejo algunas verdades que debes recordar en medio de tu prueba.

Lo primero se encuentra en 1 Pedro 4:12, que dice que la prueba no te debe sorprender. En otras palabras, no es algo anormal o extraño lo que te está sucediendo.

Lo segundo, es que debes saber que Dios nunca te abandona en medio de la prueba (Dn 3:25). Mientras más lejos te parece sentirlo, en realidad, más cerca está Dios de ti.

Lo tercero, es que toda prueba es temporal y tiene una fecha de expiración, pero el fruto que produce en nosotros es eterno (2 Co 4:17).

Lo cuarto, es como Santiago 1:3 nos afirma, que la prueba de nuestra fe siempre desarrolla un carácter para una mayor perseverancia y madurez espiritual.

Finalmente, nos dice el apóstol Juan, en Apocalipsis 3:10-12, que siempre hay recompensa para los que vencen después de ser probados.

No oraré para que no tengas pruebas, sino para que apruebes en medio de lo que estás pasando. Algo glorioso está preparado para ti. Te dejo con esta frase célebre del evangelista Billy Graham: "Leí la última página de la Biblia. Todo va a salir bien."

DECLARACIÓN 📢

Padre, no tengo temor al dolor y a la prueba. Aunque mi fe está pasando por el horno de fuego, yo sé que saldrá como oro refinado. Señor, recibo discernimiento, fuerzas y poder para resistir en el día malo. No me rendiré jamás. No soltaré bajo la más fuerte presión. Nunca me daré por vencido, porque estoy convencido de mi llamado eterno.

¡En el nombre de Jesús, Amén!

DEVOCIONAL 📖

Lectura Bíblica para hoy:
1 Pedro 1, 1 Pedro 5, Job 42

Mi Palabra Rhema para hoy es:

_____

_____

Tiempo de oración:
De ___:___hrs a ___:___hrs

DESAFÍO 30 🎯

El desafío de hoy si decides aceptarlo, es contactar a dos hermanos de la iglesia. Los vas a motivar y desafiar a salir, en este día, contigo a tocar puertas y a evangelizar. Le creerán a Dios por una cosecha e irán a recogerla. El propósito es entrar en los hogares y ganar tres personas o familias. Si no logras conseguir hermanos que vayan contigo, pídele a tu líder o a tu pastor que te asignen gente que te ayude para llevar acabo esta tarea. No te irás a descansar hasta que hayas concretado este desafío. El Señor ya tiene estos hogares preparados para este día. ¡Créelo!

Para subir las fotos y contar el testimonio de tu desafío en redes sociales puedes utilizar el hashtag **#91DíasDeConquista.**

Síguenos en redes sociales:

Rodolfo Rojas Internacional

RodolfoRojas.Oficial

Rodolfo Rojas

@1RodolfoRojas

RodolfoRojasIMC

#91DiasDeConquista
www.RodolfoRojas.net

Made in the USA
Middletown, DE
21 October 2020